Mathias Wais Ulrich Meier

Projekt Mann

Mathias Wais Ulrich Meier

Projekt Mann

Was ist Männlichkeit
und wenn ja, warum nicht?

MAYER

Mathias Wais, geboren 1948, studierte Psychologie, Judaistik und Tibetologie in München, Tübingen und Haifa und schloß als Diplom-Psychologe ab, eine psychoanalytische Ausbildung und Forschungen schlossen sich an. Zunächst Spezialisierung auf Neuropsychologie und Therapie von Hirnverletzten. Seit 1985 Arbeitsschwerpunkt Biographik, Biographie- und Erziehungsberatung und Leitung des Dortmunder Zentrums »Beratungsstelle für Kinder, Jugendliche und Erwachsene«; ausgedehnte Vortrags- und Seminartätigkeit. Er ist Autor von zahlreichen Sachbüchern. Im Verlag Johannes M. Mayer sind von ihm erschienen: *Der Mythos der heilen Kindheit*, 1999 in zweiter Auflage; *Trennung und Abschied. Der Mensch auf dem Wege*, 2002 in zweiter Auflage, der Thriller *Töte, Lama, noch einmal, Kindheit und Jugend heute – Sinn und Unsinn der Erziehung* sowie *Ich bin, was ich werden könnte – Entwicklungschancen des Lebenslaufs.* Mathias Wais ist verheiratet und hat zwei Kinder.

Ulrich Meier, geboren 1960 in Hamburg. Abiturverweigerer, Tätigkeit als Briefträger beim Postamt Hamburg-Poppenbüttel. Ausbildung zum staatlich anerkannten Erzieher am Fröbelseminar Hamburg. Tätigkeit als Erzieher im Internat (Landschulheim Schloß Hamborn). Studium an der Feien Hochschule der Christengemeinschaft Stuttgart. Seit 1990 Pfarrer in der Christengemeinschaft, Gemeinde Hannover. Ulrich Meier ist verheiratet und hat fünf Kinder.

Die Deutsche Bibliothek – CIP-Einheitsaufnahme
Wais, Mathias:
Projekt Mann : was ist Männlichkeit –
und wenn ja, warum nicht? /
Mathias Wais ; Ulrich Meier.–
Stuttgart ; Berlin : Mayer, 2003
ISBN 3-932386-67-1

© 2003 Verlag Johannes M. Mayer & Co. GmbH,
Stuttgart · Berlin
Einband und Typographie: Brigitte und Hans Peter Willberg,
Eppstein
Umschlagmotiv: Paul Klee »Läufer« (Haker-Boxer) 1920/25
Kat. Nr. 166; Privatbesitz. © by VG Bild-Kunst, Bonn, 2003
Satz und Druck: fgb · freiburger graphische betriebe

Inhalt

Der Mann als Karikatur – eine Einleitung

Wieso wird, wenn es um »den Mann« geht, zumeist in witzelndem Ton geschrieben? Wieso ist »der Mann« Gegenstand bald jeder zweiten Comedy-Nummer in Fernsehen und Kabarett? Denkt man an »den Mann«, an seine typischen Verhaltensweisen, stellt sich sogleich diese ironische Distanz ein. Auch wir hatten Mühe, dieser Versuchung zu widerstehen. Wir hätten zum Beispiel zu diesem Buch eine Einleitung schreiben können, wie sie für dieses Genre üblich ist:

Der Mann als solcher – eine Einleitung

Dieses Buch wird in erster Linie von Frauen gelesen werden. Damit sind wir schon mitten im Thema. Männer werden es, wenn überhaupt, eher heimlich oder zumindest wie beiläufig kaufen. Für Männer, die in Kleinstädten wohnen, wo jeder jeden kennt, empfiehlt sich deshalb der Versandbuchhandel, der das Buch auch gern in neutralem Umschlag an die Dienstadresse schickt. Andere Männer werden in der Buchhandlung ihrer Stadt vor dem Regal mit der Literatur über Männer mehrmals wie von ungefähr vorüberstreifen, sich verstohlen umsehen, ob auch kein Bekannter in der Nähe ist, um dann in einem unbeobachteten Moment zuzugreifen und hastig, am besten mit einem noch anderen, aber unverfänglichen Buch, zum Beispiel über Motorradsport, zur Kasse zu eilen. Man ist doch nicht schwul. Bekanntlich beschäftigen sich ja nur Weicheier und Schwule mit der Frage des Mann-Seins, nicht wahr? Und eben Frauen.

90% der Ratsuchenden, die eine Lebensberatungsstelle aufsuchen, sind Frauen. Daran sieht man, daß Männer keine Probleme haben. Und wenn, dann machen sie diese mit sich selbst aus. Vor allem haben sie keine Probleme mit ihrem Mann-Sein. Die haben ja nur die Frauen. Die meisten Bücher über Männer sind deshalb von Frauen geschrieben worden,

8   *davon wieder die Mehrzahl in ironischem Ton. Wieso eigentlich stellt sich sofort ein ironischer Ton ein, wenn frau sich über das Thema Mann hermacht?*

Nun, wenn es noch eine Gerechtigkeit gibt auf der Welt, dann kommen all die schriftstellernden Hausfrauen, die sich so billig lustig machen können über Männer, im nächsten Leben als Mann wieder. Dann sollen sie mal sehen.

Und man stelle sich den umgekehrten Fall vor. Ein schriftstellernder Hausmann mokiert sich öffentlich über »die Frau«. Das würde mitleidiges Lächeln hervorrufen – »Der Ärmste hat es wohl nötig« – oder Mißbilligung – »Was bildet der sich ein, er wüßte über die Geheimnisse und Tiefen des Frau-Seins Bescheid?«.

Aber jetzt mal im Ernst: Männer haben keine Probleme. Sie können ja auch über alles reden – über die neuesten Sportgeräte im Fitness-Center, über Politik sowieso, über technische Errungenschaften, über die Mauscheleien bei der letzten Vorstandswahl im Kleingartenverein. Sie können beredt ihre Meinungen darstellen, von denen sie ja eine ganze Menge haben. Sie können sogar öffentlich über Frauen reden, wenn auch meist etwas vorsichtiger. Nur über eines reden sie nicht: über ihr Mann-Sein. Also haben sie kein Problem damit, oder?

Sie brauchen gar nicht darüber zu reden, denn sie sind vollständig identisch mit »dem« Männer-Bild. Womit man völlig eins ist, darüber braucht man schließlich nicht zu reden. Und schon gar nicht hat man Fragen oder Zweifel daran. Der Mann kann zu allem auf kritische Distanz gehen, außer zu sich selbst.

Insofern hat der Mann nicht nur ein Kommunikationsproblem, sondern er ist ein solches. Er redet nicht über sich als Mann und über sein Innenleben, sofern es um die Innenseite des Mann-Seins geht. Er redet darüber nicht mit Männern, weil er sonst in den Schwulitäts-Verdacht geriete. Er redet mit Frauen nicht darüber, sofern sie wenigstens theoretisch als Sexualpartnerinnen in Frage kämen, weil das unmännlich wäre. Außerdem wissen ja gerade Frauen sowieso besser, was

ein Mann ist oder sein sollte, und sie würden ihn ohnehin nur
belehren, statt ihm zuzuhören. *Väter reden mit ihren Söhnen
nicht darüber, weil deren Mütter das schon erledigt haben.
Dazuhin haben Väter leider keine Zeit. Oder sie sind nicht
da.*
Und sie reden mit sich selbst nicht über sich. Das wäre
das letzte. Die Arbeit würde liegen bleiben. Und schließlich
muß das Auto erst noch gewaschen werden.

Männliche Leser, die bis hierhin den Text eben noch über-
flogen haben, bevor sie zum Sporttraining oder in die Vor-
standssitzung eilen müssen, werden einwenden, daß sie sehr
wohl »kommunizieren«. Wer hält denn die Rede zum Maifest
im Schützenverein? Und wer hat gestern noch seiner Ehefrau
geduldig die Vorteile des home-banking erklärt? Und wer,
bitteschön, hat sich kürzlich bei der Bürgeranhörung für die
neue Fußgängerbrücke eingesetzt?

»Man kann mit mir über alles reden«, pflegen Männer in
der Eheberatung zu sagen. Stimmt schon, bloß eben nicht
über ihr Mann-Sein. Das ist das Tabu der Männer.

Doch halt. Da gibt es noch jenen anderen Typ von Mann,
der mit Hingabe, Akribie und einer weder sich noch seine
Zuhörerin schonenden Offenheit bereits beim Frühstücks-
tisch die komplexen Schattierungen und Verwerfungen seiner
Befindlichkeit formulieren kann. Der keine Mühe scheut,
notfalls in Gedichtform seine Gefühle in Worte zu kleiden,
und der vor, während und nach dem Akt seine »männlich-ag-
gressiven Anteile« reflektiert und sich zwischen den Akten
auf seine »weibliche Seite« voll einläßt. Man sieht diese Sorte
Männer jetzt in Seidenmalkursen.

Sie haben, meist im Rahmen einer Trennung, ihre Gefühle
entdeckt und sprechen über diese nun so, wie Frauen über
ihre Gefühle sprechen: mit der Faszination am eigenen Gefühl. Sie besuchen Selbsterfahrungsseminare, wo sie ihre
Seele baumeln lassen und ihr Mann-Sein »ein Stück weit«
zurückstellen können. Sie beginnen jeden zweiten Satz mit
»Du, das finde ich ganz toll«. Und die andere Hälfte ihrer
Sätze mit »Du, das geht jetzt ganz tief in mich rein«. Sie

10 *heißen auch nicht einfach Holger, sondern »der Holger« (»Ich bin der Holger aus Bad Zwischenahn und möchte in diesem Seminar meine Verletzlichkeit kennen lernen«) und sie können mit Frauen aggressionsfrei umgehen (diese allerdings nicht mit jenen). Mit Männern, besonders des ersten Typs, hat diese zweite Sorte meist gar keinen Umgang. Sie verfügen über eine vor allem sie selbst faszinierende Einfühlungsfähigkeit, was daher kommt, daß sie ihre weibliche Seite »rausgelassen« haben; und am liebsten würden sie selbst die Kinder kriegen – schon um den Frauen diese schwere Arbeit abzunehmen. Stillen können sie schon fast. Sie sind wunderbar spontan und treffen Entscheidungen »mit dem Bauch«. Die Pornohefte haben sie tiefer im Schreibtisch versteckt als ihre stur-männlichen Geschlechtsgenossen vom ersten Typ. Im weiteren Gegensatz zu diesen kennen sie die Preise von Milch, Butter und alkoholfreiem Bier. Zum Zeichen ihres selbst-reflexiven Mann-Seins geht es ihnen selten einfach nur gut, und sie können über den aktuellen Stand ihrer ohnehin labilen Stimmungskurve genauer Auskunft geben als eine Frau über den Stand ihres Zyklus. Ihr Verhältnis zu Arbeit, Sport und Spiel ist »gebrochen«, wie sie sagen. Sie wollen eher helfen, vor allem Frauen. Sie können hingebungsvoll zuhören, wiederum besonders Frauen, und wenn man sie nur gefragt hätte, wären sie ohnehin lieber Frau geworden.*

Tatsächlich können auch diese Männer nicht wirklich über sich reden, nicht über sich als Mann. Sie reden über sich als »eigentlich auch irgendwie Frau«. Wenn man ihnen zuhört, erfährt man nichts über das Mann-Sein. Man erfährt nur etwas darüber, wie sie meinen, daß Frauen Männer haben wollen. Sie inszenieren Kommunikation, wenn es um das Mann-Sein geht.

Können sie gerade mal nicht Kommunikation inszenieren, weil keine Gesprächspartnerin zur Hand ist, sind sie genauso einsam und verloren in ihrem Mann-Sein wie die Männer des ersten Typs, die in der Überidentifikation mit der üblichen Männerwelt verbleiben.

So oder ähnlich kann man (frau) ein Buch über Männer beginnen. Dieser Tonfall kann witzeln, weil er voraussetzen darf,
daß der Leser und vor allem die Leserin das zu beschreibende
Objekt, das Phänomen Mann, schon längst kennen. Man wit-
zelt in augenzwinkerndem Einverständnis. Diese mehr oder
weniger gelungenen literarisch-kabarettistischen Darbietun-
gen haben eine Voraussetzung, deren Gültigkeit erst noch zu
reflektieren wäre: Sie setzen voraus, daß »der Mann« das ist,
als was er bisher der Frau und sich selbst erschienen ist; daß
er nur das ist – einseitig, »typisch«, zur Genüge oder bis zum
Überdruß bekannt. Aber sind diese Bilder und Selbstbilder des
Mann-Seins schon alles? Die witzelnde Schreibe meint:
»Mehr (anderes, Neues) läßt sich über den Mann nicht sagen.
Also können wir, was wir ja alle schon kennen, immer nur
noch einmal anders entlarven.« Der Mann als Clown also,
über dessen Einseitigkeiten, Selbstbefangenheiten, Unbehol-
fenheiten, über dessen Naivität und Unreflektiertheit wir nur
noch lachen können.

Was wäre nun, wenn wir all diese sattsam bekannten Bilder und Selbstbilder des Mann-Seins einmal in Frage stellen,
einmal zur Seite stellen würden? Wenn wir uns in die Haltung
begeben würden: Wir wissen nicht, was ein Mann seinen
Möglichkeiten nach ist. Wir wissen nur, was bisher daraus
wurde. Könnte dann – irgendwann in einer fortschreitenden
Zukunft – ein vielleicht weniger lustiges, aber dafür für die
individuelle Handhabung und Gestaltung dessen, was männlich sein kann, offeneres Bild von Männlichkeit entstehen? Es
gibt keinen Grund anzunehmen, daß dasjenige, was wir alle –
meist belustigt, manchmal empört und entrüstet – als »typisch Mann« kennen, schon alles ist.

Wir haben zum Beispiel ein Bild vom »typischen Italiener«. Mag es zutreffen. Aber wir setzen nicht voraus, daß
»der« Italiener schon alles ist, was einen konkreten, einzelnen, individuellen Italiener ausmacht und was ihm möglich
ist.

Unsere These also ist, daß »der Mann« immer nur als Typ
beschrieben wird. Der Typ ist das, was man zusammenfassend

12 schon kennt. Auch dies mag zutreffen, aber es kann doch nur eine Schicht sein, und wie wir vermuten, eine ziemlich äußerliche. Der konkrete und einzelne Mann muß sich nicht erschöpfen darin, ein Exemplar des Typs zu sein. (Obwohl gerade Männer – im zweiten Sinne des Wortes »erschöpfen« – sich durchaus darin erschöpfen können, das Bild zu erfüllen, das andere – meist Frauen – von ihnen haben.) Über den Typ verständigt man sich karikierend. Man ruft Klischees auf. Über das Individuum dagegen kann man sich nur erzählend verständigen. Deshalb wollen wir hier versuchen so zu schreiben, daß erkennbar wird, was im Rahmen von Männlichkeit im Einzelfall möglich ist – und was vielleicht nicht. Wir haben nach Beispielen gesucht von Männlichkeit, nach einzelnen Individuen, aber auch Urbildern, die etwas beleuchten können von dem, was über die Klischees hinaus möglich ist. Mit anderen Worten wir gehen davon aus, daß es »den« Mann noch gar nicht gibt. Was heute Mann ist, das ist zumeist befangen in den hinreichend bekannten Rollenbildern und Typenhaftigkeiten. Der Mann verlor dadurch Anschluß an das, was er darüber hinaus sein könnte. Der Mann wird erst in Zukunft sein.

Die übliche Männer-Literatur geht im Gegensatz dazu davon aus, daß, was der Mann jetzt ist (und schon immer war), schon alles ist. Er wurde als fertiges Objekt untersucht und analysiert. Da gab es die zu Männer-Beauftragten berufenen Schriftstellerinnen, die manchmal amüsiert liebevoll, oft aber auch höhnisch-distanziert sich über »den Mann« ausließen. Später kamen Schriften hinzu, die aus einer männer-solidarischen, einfühlenden oder mitfühlenden Haltung heraus verfaßt waren. Sie nahmen sich den Mann nicht als Objekt der Belustigung oder der Empörung vor, sondern versuchten, ihn von innen her zu verstehen und sein mehr oder weniger erfreuliches typisches Tun zu »erklären«. Die Klassiker dieses Genres sind »Die Prinzenrolle« und »Kleine Helden in Not«.

Vom Objekt-Blick erfahren wir scheinbar Endgültiges über den Mann. Im einfühlenden Innen-Blick geht es um Sympathie und Verständnis. Beide Arten von Untersuchungen

schließen das Phänomen Mann ab, nicht auf: »Jaja, so ist er
eben.« Oder, günstigenfalls: »Ach so? So meint er das?« Danach ist aber nichts. Es entsteht nichts daraus. Man kann
nichts damit machen.
Wir Männer sind nicht schlauer geworden über die Frage
des Mann-Seins durch diese Untersuchungen. Nicht schlauer
geworden in dem Sinne, daß wir etwas mit diesen vielen objektiven oder psychologischen Erkenntnissen machen könnten. Offenbar brauchen wir heute eine Vorgehensweise, die
das zu untersuchende Phänomen offenhält, es unabgeschlossen läßt. Es bedarf heute eines schöpferischen Blickes auf
Männlichkeit, der zuläßt, daß diese erst entsteht.
Wir wählen deshalb hier den Blick auf das Untypische und
Ungewöhnliche, weil wir davon ausgehen, daß dadurch etwas
von dem erscheinen kann, was es mit Männlichkeit über die
üblichen Klischees hinaus auf sich haben könnte. Wir blicken
auf die Werke einzelner männlicher Künstler, auf männlich
erscheinende Urbilder, aber auch wie der Eulenspiegel auf einzelne Episoden und Momente von Alltags-Männern, die – legt
man die Bilder und Festlegungen der üblichen Männer-Literatur zugrunde – vielleicht gar nicht typisch oder entlarvend
sind, sondern die den Blick auf eine mögliche Zukunft lenken
können dessen, was Männlichkeit sein könnte. Wir gehen davon aus, daß wir aus der Ausnahme mehr erfahren als aus der
Regel. Rekonstruktionen des typisch männlichen Denkens
und Fühlens sagen bestenfalls etwas über die Vergangenheit:
Das ist das, was sie bisher daraus gemacht haben. Diese Rekonstruktionen schränken aber ein, wenn wir nach den Möglichkeiten fragen.
Unter dieser Perspektive »gibt« es »den Mann« nicht, noch
nicht. Ob das Bild männlicher Möglichkeiten irgendwann zu
einem Endpunkt gelangt – und zu welchem –, das ist im Moment nicht unser Bedenken. Wohl aber erscheint es sinnvoll,
in die Betrachtungen diejenigen einzubeziehen, die ja eigentlich ganz unmittelbar die Chancen hätten, die Unabgeschlossenheit des Männlichen zu erfahren und zu leben und experimentierend zu entwickeln: Das sind die Jungs.

14   Wenn man sie denn läßt. Zur individualisierend erzählen-
den Betrachtung gehört deshalb auch der Blick auf die Lebenswelten und auf die pädagogischen Machenschaften, die die Offenheit unserer Frage befördern oder auch behindern könnten.
Und wir entwerfen hier keineswegs ein Bild des »zukünftigen Mannes«. Wir suchen nur die Ansätze auf, von denen her
Mann-Sein sich entfalten und sich allmählich selbst bestimmen könnte. Sich-selbst-bestimmen: Es war ein Mann – Ru-
dolf Steiner –, der zu Anfang des letzten Jahrhunderts in einem
Vortrag über die damals auftretende Frauenfrage sinngemäß
sagte: »Was Frauen wollen können, das können wir getrost
den Frauen überlassen.«

Ein Buch wie dieses wird in erster Linie von Frauen gekauft
und ihren Männern zum Geburtstag geschenkt werden. Darüber freuen wir uns, denn es ist gut für den Umsatz. Dennoch
glauben wir daran, daß es auch Männer gibt, die aus eigener individueller Frage nach den Möglichkeiten und Grenzen des
Mann-Seins suchen wollen.

```
- ulrich-meier@gmx.net an m.wais@web.de
- Der Einleitungstext ist gut angekommen. Es
paßt ins Bild, daß am Anfang gleich deutlich
wird, was nicht gemeint ist. Am liebsten
würde ich gleich mit einem satirischen Text
antworten. Ist es nicht merkwürdig, daß es
so viele männliche Kabarettisten gibt? Das
Grenzüberschreitende des Mannes bedeutet
auch, die Grenzen des Anstandes zu verletzen
und sarkastisch zu übertreiben.
```

Wieso sind nicht alle Männer Mörder?

Wir haben uns entschlossen, ein Forschungsprojekt zu beantragen. Und das kam so:
Die Referentin war am Schluß ihres Vortrages angelangt. Sie erhob ihren Blick vom Manuskript, ließ ihn über die Köpfe der Zuhörer hinweggleiten hinein in eine Ferne, in welcher es, so müssen wir vermuten, keine Männer mehr gibt. Dabei sprach sie leise und fast genüßlich den Satz, den sie offensichtlich als den ultimativen dieser Tagung erkannt wissen wollte:»Gewalt ist männlich.«

In der sich anschließenden Pause schlich sich der eine Teil der (wenigen) männlichen Teilnehmer der Tagung (die übrigens»Gewalt in Familien« hieß) auf die Toilette, wo er beachtlich lange verblieb. Der andere Teil schlenderte betont locker zur Cafeteria, wo man durch ausgesuchte Herzlichkeit, aber auch Innerlichkeit den gewaltigen Schlußsatz des Referates zu widerlegen trachtete.

Nun, auch der vorliegende kleine Beitrag hat den Vorteil, daß er den Inhalt des Satzes nicht einfach leugnet. Deshalb können wir uns zunächst der Art zuwenden, wie dieser Satz zum Einsatz kam: gewalttätig! Jene, wie wir finden, frauenspezifische Melange aus verbaler und nonverbaler Kommunikation kann, wie mit Zauberhand, Befangenheit und Scham hervorrufen, ein schlechtes Gewissen machen und jedes Selbstbewußtsein beim männlichen Adressaten wegpusten. Wenn Gewalt die Verletzung oder dauerhafte Beschädigung der Integrität einer Person ist, so müssen wir die psychologische Verletzung oder Beschädigung auch als Gewalt auffassen. – Beginnen wir also diesen kleinen Beitrag zur Männer-Gewalt mit einem Blick auf die weibliche Seite des Problems.

Dafür ein weiteres Beispiel: Auf dem Schulhof einer Realschule stehen einige halbwüchsige Teenies zusammen. In Hörweite unterhalten sich zwei Jungs über das gestrige Fußballspiel. Belustigung tönt zu ihnen herüber:»Vielleicht sollte

16 seine Mutti ihm mal ein Puder gegen seine Pickel besorgen.« Der Junge mit der Akne gerät ins Stocken und versucht gleichzeitig zu überspielen, was er gehört hat. »Und er schwitzt immer so.« Die Mädchen wollen offensichtlich, daß die Jungs mithören. »Und aus seinem Tornister fiel neulich ein Sexheftchen.« – »Der Ärmste.« Beide Jungs werden stiller, wollen am liebsten weggehen, können aber nicht, weil das ja nach Feigheit aussehen würde. »Ich glaub nicht, daß die was gehört haben«, sagt eines der Mädchen so laut, daß es jetzt auch Unbeteiligte hören könnten, »sonst wären sie schon weggelaufen.« Beide Jungs stieren von Scham gelähmt in den Himmel, als ob das Fußballspiel sich dort oben abspielte .

Eine der bleibenden Früchte der Frauenemanzipation ist der Aufkleber »Ich bremse auch für Männer«. Man stelle sich den umgekehrten Fall vor: Als Mann brauchen Sie mit einem entsprechenden Aufkleber »Ich bremse auch für Frauen« nur einmal über den Innenstadtring zu fahren, schon haben Sie drei Anzeigen am Hals.

Interessant ist ja nicht die Entgleisung selbst, sondern daß Männer sich hier nicht wehren, sich empören oder abgrenzen, sondern sich diffus ertappt fühlen und sich einreden, den Aufkleber witzig zu finden. Unsere These: Sie erkennen oder durchschauen es nicht, wenn sie Gegenstand einer psychologischen Grenzüberschreitung sind.

Zur Illustration noch eine andere kleine Geschichte, mitten aus dem Leben: Eine herangereifte, elegante Dame schiebt ihren Ehemann in einen Secondhand-Kleiderladen. Die Verkäuferinnen begrüßen sie herzlich. »Er braucht einen neuen Wintermantel«, sagt die Dame, »er ist ja doch etwas stabil geworden in der Hüfte.« Und die Damen zwinkern sich zu. »Größe 52, denke ich.« – »Gerne, Frau Schulte-Kampmann, schauen wir doch mal dort drüben bei den Neuzugängen.« Sich einer der Verkäuferinnen wie einer guten Freundin zuwendend, gibt Frau Schulte-Kampmann nach der Seite hin ihrem Mann einen kleinen Schubs, sagt noch zu ihm »Geh schon mal rüber und such dir aus, was dir gefallen würde«, erklärt der Verkäuferin: »Heute soll er sich mal im Mittelpunkt

fühlen«, und beginnt unter angeregtem Fachsimpeln mit der
Verkäuferin, eine Bluse um die andere von der Stange zu nehmen, zu prüfen …

Nun könnte es ja sein, daß Herr Schulte-Kampmann irgendwie behindert ist: Vielleicht ist er, etwa auf Grund eines
Schlaganfalles, des Sprechens nicht mehr mächtig. Oder es
könnte ihn aus einem fernen Ausland hierher verschlagen haben, so daß er deshalb seine Frau als Dolmetscherin und Ori-
entierungshilfe braucht. Weit gefehlt: Am nächsten Morgen
können wir miterleben, wie Herr Schulte-Kampmann in
wohlgesetzten Worten der deutschen Sprache eine Aufsichts-
ratssitzung eröffnet, wie er in der Pause über sein Hobby, die
Jagd, plaudert, wie er bei seiner Sekretärin Kaffee und Schnitt-
chen bestellt …

Und stellen wir uns auch hier den umgekehrten Fall vor:
Herr Schulte-Kampmann schiebt seine Gattin in den Second-
hand-Laden, zwinkert dem Verkäufer zu und sagt:»Meine
Frau braucht neue Blusen. Sie ist etwas stabil geworden um
die Hüfte«, und erläutert noch gönnerhaft:»Heute soll sie
sich mal im Mittelpunkt fühlen«. Wir wären zutiefst empört
über so viel Übergriffigkeit und Chauvinismus.

Es handelt sich bei der Originalversion dieses Vorgangs augenscheinlich um ein weiteres Beispiel jener psychologischen
Melange, welche beim Manne als Adressaten die elementarste
Daseinbesorgung außer Kraft setzt. Wie funktioniert das? Die
Frau erklärt sich zwischen den Zeilen als zuständig für die Belange ihres Mannes. Insofern kann sie kraft ihres Frauseins
auch zielsicher beurteilen, was für den Mann gut ist und was
nicht, was ihm steht und was nicht, wie er sich benehmen
muß und wie nicht. Das Eigenartige dabei ist nicht diese vielleicht etwas lustige Anmaßung, sondern daß der Mann sich
nicht wehrt. Offenbar erkennt er nicht, daß er Gegenstand einer weiblichen Unabgegrenztheit ist. Eher schämt er sich
noch, daß er nicht von selbst seine Belange so regulieren kann,
daß seine Frau zufrieden ist.

Psychologische Gewalt, welche mit unterschwelligen Manipulationen ihren Adressaten befangen macht, ihm ein

schlechtes Gewissen macht, ihm die Autonomie nimmt, so unsere These, wird vom Opfer nicht als Gewalt erkannt. Vielmehr sieht es sich noch zur Scham veranlaßt darüber, so bekloppt zu sein, daß eine Frau seine Angelegenheiten in die Hand nehmen muß. Auch dies ist Gewalt, denn der Vorgang verletzt die Integrität einer Person.

Aber diese Art Gewalt springt nicht so ins Auge wie die physische, und sie ist auch nicht so geächtet und nicht so sanktioniert wie physische Gewalt. Ja, es besteht wahrscheinlich nicht einmal Konsens darüber, daß hier Gewalt ausgeübt wird. Physische Gewalt ist insofern immer eindeutig. Das Opfer erkennt sich natürlich unmittelbar als Opfer. Die Gesellschaft sucht den Täter zu bestrafen. Der Satz »Gewalt ist männlich« ist dann richtig, wenn man diese offizielle, anerkannte physische Gewalt im Auge hat. Er stimmt dann nicht mehr, wenn wir die zwischenmenschlichen Manipulationen hinzunehmen, welche ihr Gegenüber befangen, unfrei, beschämt, unselbständig und mit einem diffusen Unwertgefühl zurücklassen. Diese verdeckte Form von Gewalt kommt bei Frauen augenscheinlich mindestens ebenso oft vor wie bei Männern. Wir neigen allerdings zu der Auffassung, daß Frauen die psychologische, manipulative Form von Gewalt besser beherrschen, insofern ihre sozialen und kommunikativen Fähigkeiten schon von Kindesbeinen an den entsprechenden Fähigkeiten des männlichen Geschlechts in der Regel weit voraus sind.

»Gewalt ist männlich«: Natürlich, physische Verbrechen – und Gesetz und Gesellschaft erkennen nur das physische Verbrechen als Verbrechen – werden fast nur von Männern verübt: Mord im Affekt, Serienmord, bezahlte Killer, Körperverletzung, sexuelle Übergriffe – alle Kriminalstatistiken belegen das. Wenn man andererseits die einschlägigen Statistiken umrechnet auf die männliche Gesamtbevölkerung, so ergibt sich, daß etwa 2 – 3 % aller Männer mindestens ein Mal durch eine physische Gewalttat auffallen. Rechnen wir noch eine Dunkelziffer hinzu von Gewalttätigkeiten, die nicht zur Anzeige gelangen – es wer-

den hauptsächlich Fälle innerfamiliärer Gewalt sein –, kom- **19**
men wir auf eine Schätzung von 5 % gewalttätiger Männer.
5 % also. Nun fängt das Urteil – denn als solches war der
Schlußsatz der Referentin bei jener Tagung gemeint – aber an
zu wackeln. »Gewalt ist männlich« meint ja, »der Mann«
neigt zu (physischer) Gewalt. Wenn der Satz aber auf 95 % der
Männer nicht zutrifft, kann es sich kaum um »den Mann« handeln. Irgend etwas stimmt da nicht. Jeder und fast jede würde
wohl zugestehen, daß es auch physische Gewalt gibt, die von
Frauen ausgeübt wird. Auch Frauen treten schon Mal als Mör-
derin hervor, auch Frauen verprügeln Kinder. Bei diesem Geschlecht aber sind wir uns sofort einig, daß es sich um Aus-
nahmen handelt: fehlgeleitete, psychisch beschädigte oder
unterdrückte Frauen, die keinen anderen Ausweg mehr gesehen haben, als sich durch physische Gewalt zu behaupten.
Tritt die physische Gewalt aber bei einem Mann auf, sagen
wir: »typisch Mann«. Das meint der Satz »Gewalt ist männlich«. Er will sagen, daß es zum Wesen »des« Mannes gehört,
physisch gewalttätig zu werden. Nebenbei schwingt da noch
die Behauptung mit, diese wesenhafte männliche Gewalt
richte sich gegen Frauen. Bis auf eine Ausnahme – das zeigen
ebenfalls alle Kriminalstatistiken – trifft das aber gar nicht zu:
Demnach sind 70 – 80% der Opfer männlicher physischer Gewalt wiederum Männer (bzw. männliche Jugendliche)! Die
Ausnahme betrifft Sexualverbrechen. Alle anderen, von Männern oder männlichen Jugendlichen verübten Gewaltverbre-
chen und Körperverletzungen richten sich gegen Personen des
eigenen Geschlechts: in der eigenen Gang, in der gegnerischen
Gang, gegen Geschäftspartner und Konkurrenten, gegen Vertreter der Ordnungsmacht, gegen ideologische Gegner.

Es erscheint nun zumindest gewagt, aus einem Verhalten,
das bei 5 % der Männer zu beobachten ist, auf »den Mann« zu
schließen. Etwa 5 % aller Menschen sind Linkshänder. Niemand würde aber behaupten, »der Mensch« sei Linkshänder.
Etwa 5 % aller Menschen sind homosexuell…

Wir können uns der Sache ja mal von der anderen Seite her
nähern: Nehmen wir einmal an, die Schlußfolgerung trifft zu.

20 Dann entsteht – und das ist nun unser Forschungsaufruf – mit Macht die Frage, wieso eigentlich 95% der Männer nicht gewalttätig werden. Wie machen die das? Haben die sich das Gewaltgen herausoperieren lassen? Was hat diese bemerkenswerte Gruppe von Männern in ihrer Kindheit erlebt? Lassen sie sich regelmäßig die Hormone abschöpfen? Erst wenn wir das herausgefunden haben, können wir auch jene 5% so behandeln oder erziehen, daß sie es auch noch lassen. Und wenn wir eines Tages damit durch sind, bietet sich auch schon das nächste Forschungsprojekt an: Was hat es eigentlich mit jener psychologischen, manipulativen Gewalt auf sich?

- m.wais@web.de an ulrich-meier@gmx.net
- *Tut mir leid, daß ich mich jetzt erst melde. Zum Ausgleich schicke ich Ihnen diesen Text als Einleitung.*
- Ihr Text trifft bei mir auf ein altes, aber immer wieder unterdrücktes Unbehagen über die ungleich härteren moralischen Maßstäbe, die an Männern »im Namen jahrhundertealter Unterdrückung« exerziert werden. Mir fällt zwar im Moment keine passende Weiterführung ein, aber vielleicht sind Sie jetzt erst mal dran mit Schreiben.
- *Ich bin nicht sicher, ob es wirklich Sinn macht, diesen Ansatz weiter zu verfolgen und ohne klares Gesamtkonzept weiterzuarbeiten. Kann man heute überhaupt noch ein Männer-Buch machen?*
- Mann ja.

Zwischen Gendiktatur und Dressurwut

Es ist wieder schick geworden, Biologismen zum allmächtigen Weltfaktor zu erklären. Der Nationalsozialismus mit seinem Fetisch Blut und Boden, mit dem bösen Blick auf Rasse und Volksgesundheit, hat seinen Schrecken verloren, wenn die neue reine Lehre in naturwissenschaftlich geschminktem Dogmatismus auftritt. Das klingt jetzt ganz anders, eben sanft, schick und schön. Der gestylte Body ist das Götzenbild. Und der neue Gott heißt Gen. Zusammen mit der Zauberkraft der Hormone und computermäßig interpretierten gehirnphysiologischen Prozessen macht er alles weitere Bemühen und Suchen nach Mann und Frau und Mensch überflüssig. Das befreit uns doch von quälenden Fragen und mühsamen Entwicklungen.

Mal ehrlich, haben Sie nicht auch aufgeatmet, als endlich klar war, warum der Mann ein instabiles System beziehungsweise ein Störfall ist: Ihm fehlt, wegen der Panne mit dem XY-Chromosom, gegenüber der Frau mit ihrem XX-Chromosom schlicht ein Achtel an genetisch produktivem Material – gerade an dieser empfindlichen Stelle. Und zwar in der Grundausstattung! Was könnten die Genabschnitte auf dem fehlenden Schenkel des verstümmelten Y-Chromosoms nicht alles an Fähigkeiten bergen, die jedem männlichen Wesen von Geburt an abgehen? Wir kennen doch die Mängelliste: Männer können nicht zuhören, haben vielleicht gar keine Gefühle, jedenfalls können sie sie nicht aussprechen. Na ja, und mit der Kommunikation hapert es ja sowieso ganz schön. Und ein bißchen mehr Teamgeist und Verantwortungsgefühl haben wir uns doch alle mal gewünscht. Seit es die neuen biologischen Endwahrheiten gibt, können wir den Fall nun abhaken! Männer sind nun mal so, da ist nichts zu wollen. Oder nein, vielleicht ließe sich da inzwischen doch etwas machen? In der aktuellen Diskussion um genetische Manipulierbarkeit fehlt eigentlich noch das Kapitel über den Umgang mit dem geneti-

22 schen Defekt Männlichkeit. Schließlich kann es doch im Zeitalter der Gleichberechtigung nicht angehen, daß der Hälfte der Menschheit ein Mangel an genetischer Ausstattung zum Glücks- und Leistungsdefizit wird. Schon die bekannte Sache mit der geringeren Lebenserwartung ist doch unfair. Oder würden Sie ein männliches Auto kaufen, bei dem Sie zum gleichen Preis ein paar Jahre weniger Werksgarantie bekommen? Hoffentlich sind die Gen-Ingenieure bald soweit, daß wenigstens bestimmte Sonderausstattungen gleich mitbestellt werden können: Das neue Audio-System für bessere Kommunikation vielleicht, oder die Standheizung für mehr Gefühl.

Andere Anhänger des neuen, schicken Biologismus besinnen sich mehr auf die Vergangenheit des Tieres Mensch: Den Mythos der Urhorde haben sie so verinnerlicht, als wären sie damals im Neandertal »live« dabei gewesen. Beruhigenderweise finden sie in ihrem Glauben, den sie sich aus den Vitrinen der prähistorischen Museen abgeguckt haben, endlich Klarheit über die Aufgabenteilung zwischen den grunzenden Jägern und den die Kinder säugenden Höhlenhausfrauen. Schön, daß wir jetzt die Bestätigung dafür haben, daß Gehirn, Gen und Drüsen schon mindestens seit der letzten Eiszeit die einzig bestimmenden Faktoren menschlicher Entwicklung sind. Was ist da schon der Geist – außer einer randständigen und anfälligen Software, die ohne die Hardware Körper keinen Pfifferling wert wäre. »Was der Körper braucht, muß der Körper haben!« Alles ist von Anfang an fest einprogrammiert, da gibt es keinen Spielraum und keinen Entwicklungsbedarf. Auch nicht in Sachen Geschlechterverhältnis und Rollenfindung. Sie würden doch auch nicht einfach mit der Gabel das Schnitzel schneiden, nur damit die Gabel das auch mal lernt. Also lassen wir doch dieses alberne Herumreden über Veränderungen im Selbstverständnis von Männern und Frauen, gegen 100 000 Jahre Leben im Neandertal kommt eh kein Mensch an.

Allan und Barbara Pease haben jüngst in ihrem Bestseller »Warum Männer nicht zuhören und Frauen schlecht einpar-

ken« die große Keule biologistischer Eindeutigkeit ge-
schwungen. Schon der Untertitel verspricht »Ganz natürliche Erklärungen für eigentlich unerklärliche Schwächen«.
Ist doch klasse, oder? Und so flott und witzig geschrieben.
Und immer schön vorsichtig, daß weder Männlein noch
Weiblein schlechter abschneiden. Zwar können laut deutschem Titel die Männer überhaupt nicht zuhören, die Frauen
aber wenigstens schlecht einparken. Dieser vom Ullstein-Verlag erkannte neue »kleine Unterschied« geht sicher wieder auf den Y-Krüppel zurück. Der englische Titel spricht
immerhin noch von der einigermaßen ausgeglichenen Unfähigkeit zwischen Zuhören und Landkartenlesen: »Why
Men Don't Listen And Women Can't Read Maps« Am Ende
vom Buch können wir uns endlich beruhigt zurücklehnen
und sagen: So ist es nun mal, nützt ja nichts, also kann auch
alles so bleiben. Die ganze Geschlechterdebatte war schlicht
überflüssig, weil die Launen der Gen-Götter nichts anderes
gewollt haben als tumbe Beutejäger und täppische Weibchen
am Höhlenherd.

Jetzt, wo wir es so genau wissen, gespickt mit den neuesten Naturwissenschaftsmythen, jetzt muß ganz bald das
Zeitalter des schicken, biologistischen Geschlechterfriedens
kommen. Wir haben schließlich das Gehirn durchschaut
und das menschliche Genom entschlüsselt – und da war
wirklich nichts außer ein paar simplen Vernetzungen und
zusammengewürfelten Eiweißkombinationen. So einfach ist
das!

Zum Glück gibt es auch noch die guten alten Anhänger der
Konditionierung! Was halten Sie von folgendem schmucken
Buchtitel: »Jetzt ändere ich meinen Mann. Wie Sie ihn einfach
umkrempeln, ohne daß er es merkt.« Das ist kein schlechter
Scherz, dieses Buch gibt es wirklich, von Michele Weiner-Davis geschrieben und im Trias Verlag erschienen.

Schon in dem Jugendbuchklassiker »Trotzkopf« wird nicht
nur die Zähmung des lebendigen Mädchens zur angepaßten
Dame beschrieben. Für ihre Unterwerfung wird Trotzkopf genau das in Aussicht gestellt, was Frau Weiner-Davis propagie-

24 ren will. In der bürgerlichen Welt von Damen mit dressierten Trotzköpfen und Herren mit konditionierbaren Holzköpfen gibt es folgendes Angebot: Männer stehen zwar an der Spitze und in vorderster Front, aber sie führen dort nur aus, was die Frau will, die in ihrem Schatten steht. Männer sind ja so dumm, die merken das gar nicht.

Was soll das? Trotzkopf ist alt, die Dressur des Mannes durch sein Eheweib ein billiges Klischee, und überhaupt: Heute leben wir doch im Zeitalter des Individualismus, da gibt es keine allgemeingültigen Vorstellungen mehr, nach denen Menschen zu etwas genötigt werden, was sie nicht wollen. Schön wär's. Das ganze Arsenal an Zusammenreiß-Appellen und Durchhalteparolen, das klassischerweise eine Frucht männlicher Kulturnischen war, ist auch heute noch aktiv. Zusätzlich zu allgemeinen gesellschaftlichen und speziellen weiblichen Konditionierungsgelüsten findet sich eine ganze Flut von Bildern über das, was man eigentlich aus sich machen müßte, fest verankert in den Untergründen der Männerseele. Gut eingelagert in mütterliche Ermahnungen und väterlich zusammengebissene Zähne. »Du kannst, wenn du willst!«, lautet der Schlachtruf der Männerpädagogen. Ja, aber das ist doch der Spaß an der Sache! Es fühlt sich doch gut an, wenn ich den Mann nach dem Bild formen kann, das ich entworfen habe. Der Gipfel ist doch dann das maßgeschneiderte Selbstkonditionierungsprogramm, das ich mir für ein paar Tausend Euro von jedem besseren Managementtrainer kaufen kann. Du bist das, was du aus dir machst. Werde dein eigener Gott! Selber Schuld, wer seine Chance zum Erfolg nicht nutzt. Und selbst der allgegenwärtige Schrei nach wohliger Entspannung: »Genieße!« Was ist er anderes als ein neuer Versuch, dem Adressaten eine Anforderung unterzujubeln, die er durch Eigenleistung einzulösen hat?

Zu den modernen Anforderungsprofilen haben wir ein eigenes, subtiles Werkzeug erfunden: die Werbung. In bezug auf Männer läuft dort ein spezielles Programm ab, dem man sich nur schwer entziehen kann. In einem Nachrichtenmagazin wird zum Beispiel mit folgendem Spruch für eine Herrenuhr geworben: »Polo ist eine der anmutigsten und schönsten Sportarten. Es sei denn, Sie sind der Ball.« Auf dem Foto ist ein Polospieler, der gerade mit seinem Schläger einen Ball spielt, mit der Uhr abgebildet. Ein harmloses Sprüchlein, ohne Zusammenhang mit der Uhr? Ein unterschwelliger Appell, ja nicht zu den Verlierern zu gehören, die dann als Ball durch die Landschaft geschlagen werden! Dann doch lieber die Uhr kaufen und selbst schlagen, und zwar mit Erfolg.

Beiden, sowohl dem Diktat der Biologie, als auch der Lust am Fremdbestimmen, ist eigen, daß sie sich auf einen Teil des Menschen stürzen, der schon ist. Für Gene und Hormone im Körper liegt das auf der Hand, aber auch der Teil der Seele, der konditionierbar ist, kommt aus der Vergangenheit, er gehört zum Bestand dessen, was verfügbar ist.

Wir sehen nur eine Chance, sinnvoll über den Mann zu sprechen: wenn wir die Zukunft ins Visier nehmen, etwas, das noch nicht ist. Das ist ein Wagnis, denn im Blick auf das, was erst werden kann, bei gleichzeitigem Verzicht auf alles Abstützen im Gewordenen, gibt es keine Sicherheiten, keine Erfolgsaussichten, keine Garantie. Aber es gibt keinen anderen Weg.

Zwischen Gendiktatur und Dressierwut ist zunächst einmal nicht viel zu sehen. Kaum eine Lücke. Dann aber wenigstens Widerwille, Abneigung, Zorn, der Wunsch, sich nicht knechten zu lassen. Die Abwehr des scheinbar Zwingenden ist aber schon etwas mehr als nichts. Lieber nur das, als weiterhin die ewige Wiederkehr des gleichen. Und dann vielleicht ein Versuch, auf Risiko: Die konkret zu findende Gegenwart des Geistes, nicht mehr seelische und leibliche Fremdbestimmung. Diese Suche ist natürlich kein Privileg des Mannes, aber doch vielleicht eine männliche Gebärde, wie sie auch Frauen im Blick auf ihre Zukunft einsetzen.

Sich von den Zwängen der Natur und der menschlichen Umgebung unabhängig machen zu wollen, heißt dabei nicht, sie in ihrer Wirkung zu ignorieren. Es geht schon auch darum, die nicht zu leugnenden Bedingungen der Existenz zu

26 kennen, nur sollten wir ihnen nicht verfallen, indem wir sie für absolut setzen.

Die Erfahrungen außerhalb des Bekannten und Festgelegten führen in einen Bereich jenseits der Grenze des Existierenden. Dafür braucht man etwas, das Robert Musil einmal den »Möglichkeitssinn« genannt hat. Er beschränkt sich nicht auf das Seiende, dafür haben wir den Wirklichkeitssinn, sondern auf das noch zu Schaffende. Immer wieder suchen wir deshalb auf den Wegen der Kunst nach weiteren Perspektiven. In den Bemühungen der Künstler erkennen wir etwas von dem, was erst sein wird. Schon die Tatsache, daß sich Kunst im Raum des Zweckfreien bewegt, gibt eine erste Unabhängigkeit von den angedeuteten Fesseln. Kunst arbeitet zwar mit den Dingen der Natur, aber sie bringt sie in einen anderen als den gewordenen Zusammenhang. Und die Zielbestimmung echter Kunst hat niemals einen konditionierenden Charakter, sie bleibt absichtslos.

Auch die Facetten des Männlichen, die uns als zukünftig gelten, haben diese Dimension. Zwar ist das Mannsein ein Stück natürlicher Ordnung, aber die Bestimmung, die ich ihm jeweils selbst geben will, versuche ich in einer Emanzipation von den gegebenen Zusammenhängen. Gleichzeitig steht jede Festlegung auf einen Zweck oder schon ein geschlossener Sinnzusammenhang »Das ist der Mann« dem offenen, zweckfreien und künstlerischen Ansatz entgegen.

– So sieht also Ihr Unbehagen aus, ein schöner Text. Aber man – oder besser gesagt frau – wird Sie sicherlich mit der Frage bedrängen, wo denn das Mann-Sein Ihrer Meinung nach herkommt?
– Auf jeden Fall nicht aus dem Mutter-Schoß.
– Das Ende Ihres Textes weist einen Bereich jenseits der Wut auf, die wir beide zunächst kultiviert haben. Der fast unversehene Umschwung von bissigem Sarkasmus zu der Lücke

der Möglichkeiten bringt mich noch einmal
auf das Thema des Clowns, das in unserem
letzten Gespräch aufgetaucht ist. Ich
schicke Ihnen den Text wahrscheinlich in
der nächsten Woche.

· ·

Der die Dämonen austreibt: der Clown

Wenn wir über den Clown lachen, lachen wir auch über uns selbst. Seine Naivität und Selbstbefangenheit zeigen uns an unvermuteter Stelle, wie festgezurrt wir sind in den Routinen des Alltags. Er treibt die Selbstverständlichkeiten, unsere scheinbaren Sicherheiten, unsere festgefahrenen Perspektiven auf die Spitze. Er verheddert sich im eigentlich Normalen und Üblichen und ermöglicht uns dadurch, daß wir uns über die alltäglichen Selbstverständlichkeiten stellen und sie auf einmal neu sehen können. Seine Späße befreien uns vom verbissenen Festhalten an unseren Gewohnheiten im Umgang mit den Objekten des Alltags wie an den Klischees der Rollenbilder. Der Clown stellt das bis hierhin für sicher Gehaltene und deshalb Unbedachte naiv in Frage und verweist, wenn er über seine eigenen Schuhe stolpert, sich verkehrt herum auf den Stuhl setzt, die Dinge zu wörtlich nimmt, auf eine andere Ebene, der die Selbstverständlichkeiten des Alltags fremd sind.

Was hat der Clown mit unserem Thema zu tun, der Frage, was im Männlichen angelegt sein mag? Die Antwort scheint einfach: Er ist in seiner urbildlichen Erscheinung immer ein Mann. Die Meinung, daß er »geschlechtslos« sei, kann aber nachvollziehbar aufkommen, denn er ist nun wahrlich kein »typischer Mann«. Seine kindliche Naivität, seine Unschuld sind ja nicht das, was wir dem »typischen Man« zurechnen würden. Vielmehr löst der Clown die männliche Rolle offenbar nach einer bestimmten Richtung auf: Der typische Mann würde sicherlich nicht dümmlich sein wollen und ungeschickt; er hätte die Abläufe des Alltags fest im Griff; klug

28   wäre er, umsichtig. Der Clown als männlich erscheinendes
Urbild befreit augenscheinlich diese Männlichkeit, sofern sie
festhält an ihrer Rolle. Er setzt die typische Männerrolle nicht
ein, er will diese Männlichkeit nicht beweisen. Auch ist er eigentlich asexuell und in diesem Sinne tatsächlich »geschlechtslos« (von dem Borne, 1993).

Wir erkennen also auch hier wieder die Sphäre der Grenzüberschreitung als einen Aspekt des männlichen Urbilds.
Anders wie so oft im realen Leben verletzt diese Grenzüberschreitung aber nicht. Sie befreit und macht uns lachen, befreit also auch uns.

Was geschieht aber in dieser, beim Clown ja immer plötz-
lichen und überraschenden Befreiung? – Für einen Moment
werden wir weise. »Weise« in dem Sinne, daß wir einen über-
geordneten Blick bekommen, der über die Einseitigkeiten und
Festlegungen des Alltags und der Rollenbilder hinausgeht. Wir
bekommen für einen Augenblick Anschluß an eine Dimension, aus der heraus die spannungsvollen Widersprüchlichkeiten und Einseitigkeiten sich auflösen und sich ein befreiter
und freilassender Blick auf den Menschen und sein gewohntes
Tun ergibt.

Mit seinen Späßen vertreibt der Clown so die Dämonen
des Alltags, die sich eingenistet haben in der sturen Regelhaf-
tigkeit, der unbedachten Gewohnheit, dem scheinbar Selbstverständlichen. Denn dieses scheinbar Sichere hat sich dem
Licht unseres Bewußtseins entzogen. Die Dämonen und Kobolde konnten Einzug halten in diesen Schattenbereich. Am
tölpelhaften Spaß des Clowns entzündet sich neues Bewußtsein für das, was wir sind und kennen und immer schon tun.
Dieses neue Bewußtseinslicht erschreckt die Kobolde. Sie machen sich aus dem Staube – für den Moment jedenfalls. Und
wir spüren: Die Dinge werden leicht, in dem sie vom Clown
in Frage gestellt werden. So leicht könnten sie sein, wenn
nicht die Kobolde der Alltagsroutine sie immer wieder fest-
zurrten. Der Teufel kennt das Neue nicht.

So ist der Clown selbst leicht und frei, unberührbar von den
Kobolden. Er ist im Stande der Unschuld. Er macht den derben

Spaß nicht für sich, nicht zur eigenen Belustigung. Er ist selbst-
los. »Der Clown ist frei von Egoismus und geistigem
Hochmut. Seine Unwissenheit und sein Unverstand, seine
Torheit machen ihn offen für höhere Weisheit …« (von dem
Borne, 1993). Seine Reinheit reicht bis dahin, daß er auch diese
höhere Weisheit, die er uns für einen Moment zugänglich
macht, nicht für sich selbst nutzt. Er belehrt nicht und er lernt
auch nicht aus seinen Tollpatschigkeiten. Er wird nicht klüger,
nicht aufgeklärter, nicht weiser im irdischen Sinn. »Wenn sich
jemand unter euch weise zu sein dünkt in dieser Welt, so
werde er töricht, damit er weise werde, denn die Weisheit dieser Welt ist Torheit vor Gott« (Paulus, 1. Kor. 3, 18–19).
So geht das Urbild des Clowns über den Eulenspiegel hinaus. Auch er transzendiert das Konventionelle, aber aus Einsicht und Klugheit. Im Gegensatz zum Clown hat der Eulenspiegel sich selbst erkannt, gerade auch als Mann, und kann
deshalb andere erkennen und durchschauen. Indem dem
Clown diese Dimension fehlt, gewinnt er eine andere: Er rei-
nigt uns von den Beschränkungen der irdischen Weisheit, die
immer einseitig, fest und rechthabend ist, und befreit uns zur
»Weisheit vor Gott«, in der die Dinge beweglich, leicht, lebendig, offen bleiben.
In den sakralen Tänzen der Tibeter tauchen immer auch
Narren auf. Sie verhöhnen das ernsthafte religiöse Spiel. Der
Zuschauer lacht und befreit sich eben dadurch von der einseitig frömmelnden Faszination am religiösen Vorgang. Er befreit sich von Heuchelei und Bigotterie, den Dämonen des Religiösen.
Der Clown ist ein Mann und doch so unmännlich, gemes-
sen an unseren gewohnten Rollenbildern. Warum formuliert
das Urbild ihn männlich? Dabei berührt es unsere Frage nicht,
daß heute auch Frauen den Clown spielen. Ist der Mann der
skizzierten Befreiung von den Kobolden des Alltags und der eigenen Rolle näher – oder hat er sie nötiger? Oder ist die männliche Rolle etwa – trotz ihrer zur Schau getragenen Festigkeit
– suspendabler? Ist sie möglicherweise weniger geerdet als die
weibliche? Trägt sie nicht in sich eine Unsicherheit über sich

30 selbst, eine nicht auflösbare Unbestimmtheit? Das »typisch männliche« Gehabe, das sich selbst seine Männlichkeit immer wieder beweisen muß, würde demnach nur ein prinzipielles Fragezeichen übertönen wollen. Hat man je eine Frau gehört, die an ihrer Weiblichkeit zweifeln würde? Sie mag daran zweifeln, einzelne Aspekte oder Kriterien von Weiblichkeit zu erfüllen, die ja immer zeitbedingt sind. Aber kann sie die Tatsache, daß sie eine Frau ist, in Frage gestellt sehen?

So verweist der Clown, insofern er im Urbild als männlich erscheint, nicht nur auf die Erlösungsbedürftigkeit und Erlösbarkeit des Männlichen von seinen Dämonen, die sich einnisten können in der Sturheit und Einseitigkeit der männlichen Rolle. Er verweist auch auf eine Ebene der Unbestimmbarkeit des Männlichen, welches so dem Weiblichen nicht eignet.

Er ist dabei sicher kein »Vorbild«. Er ist auch alles andere als der »neue Mann«. Der Clown bleibt ein Außenseiter, der aber die Befreiung vom »typisch Männlichen« vermitteln kann. Er ist eine Zwischenstation auf dem Weg zu einer Befreiung, die zugleich eine Konfrontation ist mit der fehlenden Sicherheit des Männlichen an sich selbst.

– Zu dem herrlichen Clown würde ich gern noch die Gegenfigur des Dummlings aus den Märchen dazustellen. Der Außenseiter ist die Zentralfigur und der Verlierer ist der Gewinner!

. . . .

Der Dummling – oder: Das Glück des Unfertigen

In einigen Grimmschen Märchen, zum Beispiel in »Die drei Federn« und »Die goldene Gans«, findet sich die Figur des Dummlings. Meist ist er der jüngste Bruder von dreien und erscheint dem Vater als vollkommen ungeeignet, die jeweils anstehenden Aufgaben zu erfüllen. Der Grund ist schnell genannt: Er taugt zu nichts, weil sein Verhältnis zu dieser Welt nicht von meßbarem Erfolg gekrönt ist. Die klugen und gescheiten Brüder zeichnen sich dadurch aus, daß sie erfolgsorientiert auf ihr Ziel losgehen, während der Dummling sich Zeit läßt. Dennoch scheitern sie im Märchen, vielleicht gerade weil sie nur auf ihren schnellen Vorteil aus sind. Der Dummling hat nicht nur die Ruhe weg, schließlich hat er in der Regel nichts zu verlieren, sondern er ist offen für das, was ihm unterwegs begegnet. So werden die merkwürdigsten Fähigkeiten und die seltsamsten Geschöpfe seine Helfer, oft erst sehr viel später und an unerwarteter Stelle.

Die goldene Gans etwa, ein Geschenk des grauen Männchens im Wald, mit dem der Dummling sein Essen geteilt hat, bringt ihm keinerlei materiellen Reichtum. Sie sorgt nur dafür, daß eine denkwürdige Ansammlung von Gestalten bei dem Versuch, sie sich anzueignen, an ihr festklebt. Der Anblick dieser Kollektion von Gierigen bringt die allzu ernsthafte Tochter des Königs endlich zum Lachen. Aber auch jetzt ist der Dummling mit dem Bestehen von Abenteuern noch nicht fertig. Das graue Männchen hilft ihm bei der Bewältigung des Überflusses von Essen und Trinken, mit dem der König seinen unerwünschten, weil dummen Schwiegersohn davon abhalten will, die Königstochter zu heiraten. Endlich verschafft das Männchen dem Dummling ein Schiff, das zu Land und zu Wasser fahren kann. Jetzt kann der König nicht mehr anders. Wer mit seinem Schiff in beiden Welten fahren kann, der darf Hochzeit feiern. Das Märchen gönnt nicht den lebenstüchtigen älteren Brüdern das Glück, sondern es bringt den absonderlichen und scheinbar untauglichen Jüngsten zur Heirat mit der Königstochter und damit zu einem Erfolg, der mehr ist als aller Besitz. Jenseits des Habens beginnt das Sein.

Was haben solche Märchenbilder mit der Realität von Männern zu tun? Ist es nicht eine männliche Stärke, rational und zielbewußt vorzugehen? Können wir Männer nicht stolz auf unseren gut funktionierenden Intellekt sein und unseren Ruf als ausgebuffte Pragmatiker pflegen? Das landläufige Urteil über Männer sagt uns allerdings auch gefühlsmäßige Kälte und eine einseitige Neigung zur Abstraktion nach, allzu sachlich-funktionale Denkmuster sowie die Tendenz zum Machtmenschen. Die Gestalt des Dummlings im Märchen weist dazu eine Gegenbewegung auf, ohne dabei zum belächelten »Softie« zu mutieren, der erschrockenen Erstantwort auf die Emanzipationsbewegung der Frauen. Der Dummling war weder klug noch gescheit. Er kann sich glücklich preisen, daß er nichts oder etwas anderes gelernt hat als den kurzen Griff nach dem Machbaren. Er beweist nur, daß man auch als Unfertiger durchs Leben gehen und dabei vielleicht sogar weiter kommen kann als die Fertigen.

Ich behaupte nun an dieser Stelle, daß in der Haltung des Dummlings gegenüber der Welt die Zukunft des Mannes liegt. Wenn dem so wäre, dann muß die entscheidende Frage lauten:

Was macht die Dummheit zur Tugend und den Verlierer zum Sieger?

Die Theorie behauptet das Gegenteil, aber das Problem mit der Theorie ist, daß sie von vornherein richtig ist. Sie macht uns glauben, daß die Dinge stets so bleiben, wie sie waren und sind. Auf diese Weise ist immer schon alles klar. Kluge und gescheite Brüder wissen deshalb meist schon vorher ganz genau, was bei einem Unternehmen herauskommt. Sie können auch allen anderen Menschen ungefragt sagen, wie sie es besser machen könnten. Aus der grandiosen Überschau ihres Geistes und aus dem reichen Schatz ihres Erfahrungswissens liegen ihnen alle Möglichkeiten deutlich vor Augen. Theoretiker neigen dazu, mit allem fertig zu sein, bevor sie sich darauf eingelassen haben. Vieles lohnt sich gar nicht anzufangen, weil das Ende absehbar ist. Oder etwas scheint zu Ende zu sein, obwohl es gerade erst beginnt. Darin liegt das andere Problem derer, die mit den Dingen fertig werden wollen: Sie lassen sich mit ihrem Willen nur auf das ein, was ihnen machbar erscheint. Etwas Unvollendetes erscheint ihnen als Schmach, als Kratzer am makellosen Selbstbild des Machers. Mit jemandem gemeinsam etwas zu versuchen, ist ihnen zu gefährlich. Dann ist es doch besser, wenn jeder sein Ding macht, oder man einigt sich, daß einer sagt, was und wie zu tun sei, und der andere führt es aus. Diese Sicht führt mitunter dazu, daß die Klugen und Gescheiten vor lauter Klarheit, Eindeutigkeit und Effizienz vergessen, zu leben. Oder sie vergessen, daß es Dinge im Leben gibt, die sich einer vorausschauenden Berechnung entziehen, für die es sich aber doch zu leben lohnt: Das Abenteuer oder die Liebe, der Tod oder die Zukunft. Theoretisch gesagt: Wenn man mit diesen Größen des Lebens fertig würde, dann bestehen sie auch schon nicht mehr.

Ob wir wollen oder nicht, gegenüber dem eigentlich Lebendigen müssen wir Dummlinge sein, sonst bekommen wir es gar nicht mit. Und – Dummling zu sein ist gar nicht so furchtbar schwer, wie man denken könnte. Man muß nur damit anfangen. Allerdings kostet es Mut, sich unvorbelastet auf etwas einzulassen und nicht wissen zu wollen, was genau dabei herauskommt. Das ist riskant und macht Angst. Aber gelingt es einmal, mit dem Schiff nicht nur am Land, sondern auch zu Wasser voranzukommen, dann macht es sogar Spaß.

Dummling wird man, indem man spielt, indem man zuläßt, wieder Kind zu sein, das oftmals belächelte Kind im Manne vielleicht. Als Kinder sind wir Meister in der Kunst des Spielens. Es ist die kindgemäße Annäherung an die ganze große Welt, der wir uns immer neu gegenübersehen. Kinder betreiben ihr Fach mit einer Leidenschaft, die wir Erwachsenen ruhig beneiden können. Denn für sie ist das Spiel nicht irgendein ausgesparter Raum nach der Arbeit, sondern die Arbeit selbst. Das Spiel braucht keine Rechtfertigung, es gibt dafür keinen zwingenden Grund und kein erklärtes Ziel – es genügt sich selbst. Kluge und gescheite Brüder behaupten gern, Spielen hätte keinen Zweck. Das stimmt und stimmt doch nicht, denn es ist nicht zwecklos, sondern zweckfrei. Durch diese Dimension der Freiheit wird es zu einem schöpferischen Akt. Die Welt des Spiels ist demnach nicht irgendwo, wo es erlaubt ist, auf dem Spielplatz oder in der Spielecke des Kinderzimmers. Sie ist potentiell überall, nämlich da, wo ich anfange mit der Welt nicht nur vernünftig, sondern spielerisch umzugehen.

Der Spielende schafft sich – zusammen mit seinen Spielkameraden – eine eigene Welt, in der er alles erleben kann, was es in der großen Welt so gibt, aber unter dem schützenden Dach des »als ob«, als eine Innenwelt der Phantasie mit den Gewürzen der »echten« Welt. Im Spiel kann ich die Extreme dieser Welt schmecken, ohne ihnen verfallen zu müssen. Ich kann wütend sein, wenn ich verliere oder rausgeschmissen werde, und im nächsten Augenblick kann ich froh sein, wenn ich gewinne. Ich kann sterben und geboren werden und dabei ganz gelassen weiterleben. Auf diese Weise eigne ich mir die fremde und zuweilen feindselige Welt spielerisch an und bewältige sie damit schon einmal, probehalber.

Neben dem Nachspielen dessen, was es auch sonst zu erleben gibt, gewinnt jeder Dummling noch eine weitere Dimension hinzu, wenn er spielend etwas entwirft, das es in der »normalen« Welt noch nicht gibt, das aber durch ihn als möglich vorauserschaffen wird. Zu dieser Art Spiel braucht man kein Spezialwerkzeug und kein teures Outfit. Am schönsten ist es, mit dem, was gerade da ist, etwas Neues zu versuchen. Nichts anderes machen wir als Künstler. Wir komponieren das Ausgangsmaterial zu einem noch nicht dagewesenen Werk, das sowohl der Welt des Spiels und der Kunst als auch der normalen Welt angehört – wieder wird hier in Dummlingsmanier mit dem Schiff zu Wasser und zu Land gefahren. Kunst betreiben nennen wir Spiel: Musizieren heißt, ein Instrument zu spielen, Theater ist Spiel in einem Raum zum Schauen, auf einem Bild oder einer Skulptur spielen Farben, Formen und Licht.

Als Künstler und Spielende treten wir fortwährend den Beweis dafür an, daß die Welt noch nicht fertig ist: Es bleibt immer noch etwas Ungeschaffenes, das der weiteren spielerisch-schöpferischen Bearbeitung harrt. Die goldene Gans ist wirklich ein wertvolles Geschenk, weil sie über den Rahmen des schon Existenten hinausweist: Als Gans ist sie unbedeutend, als Wertobjekt narrt sie die Besitzgierigen, aber sie steht im Mittelpunkt einer künstlerischen Performance, die der Königstochter vorführt, daß es außer dem ernsthaften und zuweilen traurigen Leben in der Welt des Bestehenden auch ein Leben jenseits davon gibt. Humor, der Verflüssiger, macht das auf dem Land festgefahrene Schiff wieder flott und bringt es erneut in Bewegung. Die an die Gans Fixierten werden dabei unfreiwillig in die Komik eingebunden. Durch das Festkleben am Gänsekörper wird ihre sonst verborgene Gesinnung offenbar, was wiederum der Königstochter auf lustige Weise deutlich macht, wie lächerlich die betrüblichen Seiten menschlicher Schwächen im Grunde sind.

Bleiben auch die Künstler Dummlinge, dann widerstehen sie der Versuchung, ihre klugen und gescheiten Absichten in das Kunstwerk hineinzuverlegen. Auf diese Weise bleibt es den Adressaten der Kunst erspart, sich mehr oder weniger originell verpackte Begriffsgerippe zuzumuten. Das unbefangene Spiel mit den Dingen der Welt läßt auch den Betrachter und Zuhörer von Kunst ahnen, daß nicht nur die Dinge, sondern der Mensch selbst in unfertiger Gestalt am meisten seiner selbst entspricht – oder seiner Zukunft.

– Merkwürdig, daß das Männerthema bei uns so nahe am Witz liegt.
– »Die Eitelkeit des Mannes besteht nicht darin, in den Spiegel zu sehen, sondern nicht in den Spiegel zu sehen«, sagt Erhard Blanck.
– Okay. Und wer ist Erhard Blanck? Jedenfalls bringt mich das auf Eulenspiegel:

. . . .

Eulenspiegel

Auch Eulenspiegel ist ein Grenzgänger. Er darf Grenzen der guten Sitten und der Tabus überschreiten, sanktionsfrei. Er hält seinem Gegenüber den Spiegel vor, was im täglichen Umgang honoriger Bürger untereinander eine Grenzverletzung wäre. Er

36 erfüllt eine Ventilfunktion in der Gesellschaft; wenn er auftritt, dürfen die üblichen Grenzen einmal ausgesetzt sein.

Aber wer ist dieser Eulenspiegel selbst? – Er ist immer ein Mann. Ein typischer Mann? Sicher nicht, aber vielleicht ist da etwas an ihm typisch männlich; vielleicht sogar – man wagt es kaum zu denken – idealtypisch männlich?

Betrachten wir die Eulenspiegeldarstellung des mittelalterlichen Holzbildhauers Tilman Riemenschneider: In heftiger Bewegung etwas gebückt, nicht eigentlich tanzend, dennoch von leichter Beweglichkeit. Als greife er an und entzöge sich zugleich. Aber weder der Angriff noch das Sich-Entziehen sind körperlich, vielmehr besteht sein Angreifen in einer Aufmerksamkeitsfokussierung und sein Sich-Entziehen darin, daß er sich der Aufmerksamkeit entzieht. Exponiert und doch bei sich. Ungreifbar. Das Haar gefühlsstark lang und wehend, dennoch geordnet gehalten. Unüberhörbar – er trägt Schellen an den Fesseln, dem Unterarm und am Brustkorb – und doch still und verschwiegen. Frei und autonom, aber doch kein Herrscher.

Was, ganz genau, exponiert er eigentlich, das er gleichzeitig verbirgt? – Der architektonische Aufbau der Plastik gibt eine ebenso banale wie frappierende Antwort: In der Mitte der Plastik, in ihrem Dreh- und Angelpunkt, während alle anderen Körperteile sich entweder bewegen oder zumindest durch die Schellen sich Gehör verschaffen, ruht sein Gemächte. Durch eine aufgesetzte Tasche an der Hose unübersehbar, aber dennoch verborgen. Worauf also zieht er – fast angriffslustig – unsere Aufmerksamkeit, wovon er sie gleichzeitig durch Gestik, Schmunzeln, Geschelle und sein tänzelndes Bücken wieder abzieht? – Es geht um seine Männlichkeit!

Was er da in der Hose hat, bildet in dieser Plastik Riemenschneiders tatsächlich den Mittelpunkt – statisch gesehen, wenn wir sie nach Höhe und Breite ausmessen, sowie dynamisch, wenn wir die Vektoren der Bewegungen aufzeichnen, welche die einzelnen Glieder gerade ausführen.

Das also. Da zeigt einer Ursprung und Zentrum seines Mann-Seins und verbirgt es zugleich. Und wir sehen, daß der

Grenzgänger Eulenspiegel auch an sich selbst ein Grenzgänger
ist. Denn Scham würde ihn lähmen, ihn befangen, unfrei und
starr machen, exponierte er seine Männlichkeit direkt. Die
eine Sorte Mann, vielleicht die häufigere oder jedenfalls auf-
fallendere, überschreit vor sich selbst die Scham, Inneres zeigen zu müssen, durch schweres Gehabe, gespreiztes Getue
und durch zerstörend-grenzverletzende Aggressivität. Hier ist
ein anderer Mann: Hier hat einer Umgang gefunden mit der
spezifisch männlichen Scham. Er wandte eine Grenzüberschreitung an, die aber nach innen sich richtete. Er scheut und
schämt sich an sich selbst nicht, das Tabu zu überschreiten,
wonach Männer da, wo es um ihr Mann-Sein und ihre Zweifel daran geht, keine Gefühle haben oder zeigen sollen. Eulen-
spiegels innere Grenzüberschreitung besteht darin, daß er mit
sich selbst kommuniziert über Scham, Angst und Sehnsucht.
Eben dadurch wird ihm leicht und wird er leicht. Eben daher
bezieht er die Legitimation, anderen den Spiegel vorzuhalten
– humorvoll, liebevoll –, weil er es zuerst an sich selbst geübt
hat. Er kennt die heimlichen Schwächen, die illegalen Gedanken, den verschwiegenen Selbstbetrug der anderen, weil er es
bei sich selbst angeschaut hat. Er hat sich mit der eigenen, spezifisch männlichen Grenzüberschreitungsneigung auseinan-
dergesetzt, hat sie vor sich selbst offen gelegt und kann deshalb, ohne zu verletzen, auf die Grenzüberschreitungen der
anderen humorvoll hinweisen. Er darf die Wahrheit sagen.

So ist der Eulenspiegel ein Mann zwischen innen und
außen, ein wahrer Grenzgänger, der seiner Grenzüberschreitungsneigung – durch den Blick nach innen legitimiert – den
zerstörenden, verletzenden Charakter genommen hat. Er be-
stätigt deshalb Grenzen, indem er sie humorvoll überschreitet, zugleich angreifend und sich zurücknehmend. Aus dem
Grenzverletzer ist ein Hüter der Grenzen geworden. Er kann
Grenzen bewußt machen, weil er seine eigenen inneren Grenzen grenzüberschreitend in sein Bewusstsein genommen hat.

Kann man sich eine Frau in dieser Position vorstellen?
Würde sie nicht lächerlich oder unterwürfig oder als strate-
gisch ihre Weiblichkeit einsetzende Wildkatze wirken? Aber

38 in sich ruhend zugleich? Kennt eine Frau die Versöhnung mit sich selbst als Frau? Braucht sie das? Macht das Sinn? Im individuellen, durch spezielle Biographie geprägten Einzelfall vielleicht, aber nicht für sie als Angehörige ihres Geschlechts. Ein idealtypischer Mann also, der Eulenspiegel. Weder aggressiv ein Recht auf Grenzüberschreitung einfordernd aus überschrieener Scham noch defensiv sich entschuldigend für seine männliche Angriffslust, kein Macho mit benieteter Lederjacke im Dschungel der Großstadt und kein Softie im Seidenmalkurs der VHS, sondern – hätte man es für möglich gehalten? – ein Ideal von einem Mann. Aber das gibt es ja nur als Kunst.

– Mit dem Eulenspiegel haben Sie mich wirklich überrascht! Ich hätte alles erwartet, aber weder den Blick auf das Gemächte noch die Wendung in den souveränen Umgang mit Männlichkeit: das klare Bekenntnis zum Mannsein mit der gleichzeitigen humorvollen Distanzierung. Mit diesem Idealtypus Mann kann ich mich einverstanden erklären.

Erwartung – der Hüter der Grenze

Ulrich Meier machte mich auf die Perforationen und Aufschlitzungen im Werk des italienisch-argentinischen Malers Lucio Fontana aufmerksam, als wir die Köpfe zusammensteckten über die ebenso beängstigende wie seltsame Frage, ob »der Mann« möglicherweise dem Tode näher sei als »die Frau«. Fontana perforierte und schlitzte monochrome Farbflächen, die Grenze des Malens damit überschreitend. Die Geste dieser Überschreitung ist eine beschädigende, der Vorgang des Aufschlitzens oder Perforierens ein invasiver Anschlag. – Ich möchte hier der These nachgehen, daß nur ein Mann auf diese Idee kommen konnte.

Dazu sollten wir uns zunächst lösen von der ungemütlichen Fixierung auf die Vorstellung, wie da ein Mann vor einer Farbfläche (immerhin von ihm selbst aufgetragen) steht, ein Messer zur Hand nimmt und – mit welchen Empfindungen wohl? – einen Schlitz – oder auf anderen Bildern: mehrere – dem Bilde zufügt. »Typisch Mann« mag es heißen. Vielleicht ist an diesem Verdikt etwas dran? – Lösen wir uns also zunächst vom Akt der Zerstörung und beginnen wir mit dem Ergebnis: Was ist denn, nachdem die Farbfläche aufgeschlitzt wurde? Was kommt dann? Was geschieht jetzt? Sinnlich wahrnehmbar wurde die Grenze der Farbfläche in den Raum hinein überschritten. Sehen wir nun etwas »dahinter«? Dahinter wohnt zunächst einmal nur das Schwarze. Sieht man etwas? Man sieht nichts. Was also mag jetzt geschehen? – Man erwartet etwas. Man weiß aber nicht, was man zu erwarten hat. Deshalb nennt der Künstler diese Bilder »Attesa« (Erwartung), bzw. »Attese« (Erwartungen), wenn das Bild mehrere Schlitze aufweist. Eine Grenze wurde überschritten durch Verletzung. Und dann? Das Herz klopft. Was wird sich zeigen, was wird geschehen in dem Raum dahinter? Eine neue Dimension ist eröffnet worden – durch Grenzverletzung. Alles ist offen. Der Raum dahinter, an den wir nie dachten, wenn wir ein Bild – sei es ein klassisches oder eines aus unserer Zeit – betrachteten, wird uns plötzlich gegenwärtig. Etwas, das ja schon immer da war, wird jetzt anwesend, ohne daß wir schon bestimmen könnten, worin genau es besteht.

Und nun die These: Dies ist die männliche Art der Schöpfung: Etwas wird beschädigt, damit eine neue Dimension zu ihrer Wirksamkeit kommt. Doch sind wir bange. Wenn »die Frau« Neues schöpft, sind wir nicht bange. Sie empfängt und gebiert Leben, neues, weiteres, heiles Leben. Der Mann schafft Zugang zu Neuem, schafft Neues, indem er eine Grenze verletzt. Und während wir dem von der Frau Geschaffenen mit Freude und positiver Neugier entgegensehen – ist es doch selbstverständlich neues, heiles Leben –, sind wir hier bange. Denn wir kennen nicht schon das, zu dem uns der Akt der Grenzverletzung Zugang geschaffen hat. Zumindest mit Fragen, wenn nicht verunsichert steht der Grenzverletzer an der Schwelle zu dem Raum, den er selbst mit beschädigender Geste eröffnet hat. Vielleicht verstehen wir von hier aus die Grenzüberschreitungsneigung des Mannes, des Jungen schon, welche eben destruktiv wird im Ergebnis, wenn die Verunsicherung nicht ausgehalten wird.

Selbstverunsicherung also. Sich selbst die Sicherheit angesichts des Heilen und Ganzen, angesichts des Lebendigen zu nehmen und Revolution zu machen, nicht wissend, allenfalls vage hoffend, was danach Gegenwart erreichen mag.

Etwas wie Angst begleitet den schöpferischen Akt des Mannes. Und falls irgend etwas an der Rede vom »Helden« Sinn macht, dann ist es dies: Er tut es trotzdem. Er ist mutig.

Es ist eine andere Art von Mut, wenn der Mann auf solchen Wegen Neues aufruft. Auch Leben zu empfangen und auszutragen, Leben erhaltend zu pflegen und zu hegen, die Leben verwaltende Geste der Frau – dies mag Mut erfordern. Aber der Mut zu beschädigen, um Neues in den Blick zu bekommen, ist ein anderer.

Es ist der Mut angesichts des Todes. Nicht des persönlichen, sonders DES Todes. Der Mann verwaltet den Tod, er verwaltet, handhabt die Grenze zwischen Leben und Tod, sie kontrolliert verletzend. Er beschädigt das Heile, Lebendige und Ganze, um Zugang zu erreichen zu anderen Dimensionen. Er bricht mit Traditionen, macht Revolution, denkt, wo er Erfinder und Forscher ist, über die gewohnten Bahnen hinaus – und er steht am Altar. Die Handlung am Altar öffnet die Grenze zwischen Leben und Tod, zwischen Diesseits und Jenseits, zwischen der irdisch-physischen und der geistigen Welt. Der Priester bricht das Brot. Welch unerhörte Geste. Erscheint sie nicht lebensfeindlich? Wäre je eine Frau auf die Idee gekommen, Brot zu brechen? Es zu backen, es zu verteilen zur Leben spendenden Ernährung – ja. Aber es zu brechen?

Es ist ein Gestus der Zerstörung. Das Brot als Inbild der Lebenserhaltung und Ernährung – der Mann bricht es. Eine Ganzheit und Heilheit wird zerstört – und indem wir es danach essen, erhalten wir Zugang zu einer ganz anderen Sphäre, die in unserem Kulturkreis schon immer vom Mann verwaltet wurde. (Der empörte Protest von Leserinnen und frauenbesorgten Lesern ist von hier aus gut hörbar. Ich komme auf ihn zurück.)

Die grenzbeschädigende Geste des Mannes auf der Suche, Neues in die Gegenwart zu holen, kann, wenn unbedacht und unkontrolliert angewandt, eine tödliche Eigendynamik entfalten. Wir kennen die Grenzüberschreitungsneigung noch jugendlicher Männer – Kleiderordnungen, Traditionen, Werte, Umgangsformen werden über den Haufen geworfen, die Grenzen des normalen Bewußtseins werden gewaltsam überschritten durch Einnahme von Drogen. Physische Gewalt ist männlich – sie überschreitet die Selbstbestimmung der Menschen und zerstört im Ergebnis. Hier verselbständigt sich der Gestus. Er eröffnet im Ergebnis nichts Neues. Da gibt es nichts zu erwarten. Der Vorgang, den die These eigentlich meint, staut sich erst und verliert sich dann in der Zerstörung um ihrer selbst willen. »Denn sie wissen nicht, was sie tun.« Sie wissen nicht, was sie meinen und worauf sie hinaus wollen könnten, wenn sie andere – oder auch sich selbst – beschädi-

42 gen und zerstören. Sie bedenken und empfinden nicht das Werkzeug, das ihnen als Männern in die Hand gegeben ist. Sie gebrauchen es, um es zu gebrauchen. Aus Rausch am Werkzeug. Sie wissen nicht um die erschaffende Potenz der Grenzüberschreitung. Oder sie wollen es nicht wissen. Politiker (es sind Männer) entfesseln Kriege, »um eine neue Weltordnung zu schaffen«. So spricht der Mann, wenn er die Wachheit scheut, sich mit seinen grenzüberschreitenden Möglichkeiten in verantwortlicher Weise vertraut zu machen. Männer zetteln Revolutionen an, »um das Proletariat/die Gesellschaft etc. zu befreien« – und enden als Diktatoren, Unterdrücker und Gewaltherrscher über eben jene, die sie befreien wollten. Als ob man einem Fünfjährigen ein Messer in die Hand gegeben hätte.

Alle diese destruktiven und zutiefst unzulässigen Vorgänge kalamitärer Grenzüberschreitung besagen aber nichts gegen die These: Der Mann kann Neues aufrufen durch Grenzüberschreitung. Sie besagen nur, daß er nicht reif ist für sich selbst als Mann. Er hat sie als Mann noch nicht erkannt. Nur dann kann er zerstören mit dem Ergebnis der Zerstörung.

Wenn den Göttern Opfer darzubringen sind, ist es von jeher der Mann, der zerstört. Schon immer schlachtet er das Opfertier. Er verwaltet den Tod, damit das jenseitige Leben zugänglich werde. Er nimmt es auf sich, das Heile und Ganze zu töten, damit eine andere Welt sichtbar und wirksam werde, deren Angesicht wir, die wir vor der Grenze stehen, noch nicht kennen.

Nun ist die hier vorgetragene These gut geeignet, Empörung hervorzurufen, in erster Linie wohl bei Frauen. Insofern diese vielleicht nicht verstehen, wie Beschädigung zu Neuem führen soll. Ich nehme an, sie glauben es auch nicht. – Dazu läßt sich nur sagen, daß umgekehrt ein Mann letztlich nicht versteht, was es mit der Leben schaffenden und Leben erhaltenden Geste der Frau auf sich hat. Sie ist dem Manne unglaublich. Und es steht zu fürchten, wir können hier nur in gegenseitigem Respekt vor der Fremdheit und Unfaßbarkeit der Geste des jeweils anderen Geschlechts still werden.

Sofern die weibliche Empörung sich aber möglicherweise
daran knüpft, daß sie meint, hier würde der Frau etwas abgesprochen, eine Fähigkeit abgesprochen, Revolutionärin, Prie-
sterin und grenzüberschreitende Künstlerin, Forscherin oder
Erfinderin sein zu können, muß gesagt werden, daß die These
von der Grenznähe des Mannes nicht sagt, daß die Frau es
nicht kann. Sie sagt nur, daß sie es nicht braucht. Sie hat kein
Interesse daran. Wo die Frau dennoch Grenzüberschreitung
sucht, da kann sie es auch. Aber sie wird es dann anders tun.
Ihre seelische Aufmerksamkeit, ihr seelischer Gestus sind dabei anders als beim Mann: Sie ist schon beim Ergebnis. Sie
will etwas Bestimmtes, das sie schon kennt und gezielt will,
erreichen oder herbeischaffen, wenn sie Grenzen überschreitet. Es ist bei ihr ein pädagogischer Impetus dabei. Dies funktioniert beim Manne wiederum nicht. Siehe:»Ich beginne einen Krieg, um Frieden zu schaffen.« Der Mann kann nur neue
Möglichkeiten schaffen, wenn er Grenzen überschreitet, er
kann nicht ein schon vorher gewußtes neues Leben schaffen
wollen. Seine Rolle ist die Grenzverwaltung und -überschrei-
tung selbst. Danach hat er keine Rolle mehr. Das Weitere ist
nicht mehr sein Belang. Nicht mehr als Mann.

Bekanntlich gibt es weibliche Revolutionärinnen und Prie-
sterinnen, die das Brot brechen. Dies widerspricht nicht der
These, sondern weist nur darauf hin, daß sie nicht ausreicht,
um individuelles Tun zu erklären. So wie ein Mann sich von
Herzen einer pflegenden und hegenden Aufgabe widmen kann
– zum Beispiel sehen wir heute in den Kindergärten zunehmend auch männliche Erzieher –, so kann eine Frau Grenzen
des Verhaltens oder des Denkens überschreiten, um neue
Dimensionen zu eröffnen. Dies ist als Ergebnis der Individualisierung zu sehen, als Loslösung von der geschlechtsspezifischen Geste. Was aber nicht widerlegt, daß der geschlechtsspezifische Gestus zunächst in eine andere Richtung geht.

Und vergessen wir nicht: Was nach der Grenzüberschreitung kommt, ist nicht mehr Sache des Mannes, sondern ist Sache des Individuums, das sich auf seine eigene Weise zu eigen
machen mag, was der Türöffner eröffnet hat. Wenn der Mann

44 nach der Türöffnung nicht losläßt, ist das Ergebnis nicht der Zugang zu einer neuen Dimension, sondern ist Zerstörung. Zerstörung aus fataler Selbstunkenntnis.

Fontana hat nie gesagt, auch nicht mit künstlerischen Mitteln, was danach kommt, nach der Perforierung und Aufschlitzung. Er ließ es frei und sprach nur von »Erwartung«.

```
- Wie Sie sehen, hat unser Besuch im Spren-
gel-Museum und das Gespräch bei mir nachge-
wirkt. Hoffentlich habe ich Ihnen da nicht in
»Ihr« Thema gepfuscht. Ihr Aufsatz über Fon-
tana, der ja noch andere Aspekte des Bilder-
schlitzens aufnimmt, sollte auch in das Buch.
- Ich würde das Todesthema gern extra noch
einmal zum Gegenstand eines Beitrages machen,
habe aber im Moment noch keinen Ansatz dazu.
Ich finde gerade die Zurückhaltung, mit der
Sie das Fontana-Phänomen behandeln, wohl-
tuend. Auf diese Weise bleibt offen, was
erwartet wird, und wird nicht nach Pastoren-
art ausgedeutet.
```

. . . .

Als Moses erschrak

Niedersteigend vom Berg, wo er Gottes Weisung und Gebot gehört und die Gesetzestafeln empfangen hatte, sieht Moses sein Volk im wilden Reigen um das Gußbild des Jungstieres tanzen, den Rausch mit religiösem Leben verwechselnd. In einer elementaren Zornesaufwallung wirft er die von Gott beschriebenen Tafeln zu Boden, daß sie zerschellen.

Unbeschadet der religiösen Bedeutung und der theologischen Interpretationen dieses Vorganges läßt sich fragen, ob diese urbildliche Situation auch über das Verhältnis eines Mannes zu Gebot und Gesetz spricht. Die Nähe »des« Man-

nes, oder jedenfalls eines bestimmten »Typs«, zu ebenso de-
taillierter wie unerbittlicher Regelung möglichst aller Lebens-
bereiche ist viel bewitzelt und karikiert worden. Die Lust am
Klischee stellt sich ein, wenn man die männliche Regulie-
rungswut vor das Auge bekommt, und schnell fließen aus der
Feder Hohn und Spott:
Eine der imposantesten Gefühlsaufwallungen des Mannes
ist sein heiliger ZORN. Man muß das Wort groß schreiben.
Denn was sich hier zusammenballt, versteht sich nicht einfach als persönlicher Ärger oder als angriffslustige Stimmung,
sondern da geht etwas mit dem Mann als solchem durch, zu
dem offenbar nur er sich berufen weiß. In Rede steht sein Zorn
über Regelverletzungen. Regelwerke zu erfinden und durch-
zusetzen und Regelverletzungen durch heiligen Zorn zu ahn-
den – das ist der Auftrag des Mannes.

Wie kommt es zu dieser edlen, schwerwiegenden, aber
irgendwie ja auch anstrengenden Berufung? Während die
Frau augenscheinlich über eine besondere Nähe zur Welt
der Ideale verfügt und sich beauftragt sieht, an diese zu ge-
mahnen, und während sie traurig oder enttäuscht ist, wenn
sich die Wirklichkeit nicht nach den Idealen richtet, darf
sich der Mann als Sachwalter der Welt der Regeln empfinden. Er glaubt an ihre unhinterfragbare Gültigkeit, an ihre
Notwendigkeit und an ihre höhere Herkunft. Er ist der ge-
borene Sheriff.

Das fängt beim Straßenverkehr an. Wenn ein Mann auf der
Autobahn rechts überholt wird, so erzürnt er sich wie einst
Moses über sein laszives Volk und beschließt – er muß es be-
schließen –, den Anarchisten anzuzeigen. Zu diesem Zweck
hat er immer einen Kugelschreiber und einen Notizblock zur
Hand, zum Beispiel mittels einer magnetischen Vorrichtung
am Armaturenbrett befestigt. – Dem Manne obliegt es, einem
Skatbruder die Freundschaft zu kündigen, wenn der sich nicht
an die Spielregeln hält. Früher hätte man einen solchen win-
digen Bruder ohnehin gleich aufgeknüpft.

Es ist der Mann, der dem Hausbesitzer eines Mietshauses
einen gravitätischen Brief schreibt, wenn ein Mitbewohner in

46 schamloser Verletzung der Hausordnung nach 22 Uhr die Türe nicht abschließt. – Und wenn der Schrebergartennachbar seinen Birnbaum näher als 60 cm an den gemeinsamen Zaun setzt, wird ein Schreiben an den Betreffenden aufgesetzt, das in Umfang und Duktus einer Kriegserklärung nahekommt. – Es sind Männer, die die Polizei holen, wenn die Party nebenan zu laut wird. – Ein Mann kann es gut verstehen, wenn die Nachbarn am Sommerabend auf dem Balkon grillen. Grillt er doch selbst gerne. Und er findet die Nachbarn auch sehr nett. Aber »aus Prinzip« muß er es zur Anzeige bringen, wenn der Rauch in sein Wohnzimmer zieht.

Bei solchen, das weitere Zusammenleben der Menschheit gefährdenden Regel- und Rechtsverletzungen geraten Männer in jenen heiligen Zorn, dessen dramatische Selbst-Inszenierung den unbeteiligten Zuschauer allerdings leicht belustigen kann. Höflicherweise lacht man dann aber nicht. Bei Frauen löst der heilige Zorn des Mannes eher ein gurrendes Besänftigungsverhalten aus, Kinder erinnern sich an Schilderungen des Weltunterganges, die sie im Religionsunterricht gehört haben. Das angemessene Verhalten seitens der Zuschauer ist aber Mitleid. Der Mann, der sich ja verpflichtet sieht, sich über Regelverletzungen aufzuregen, erwartet, daß ihm Mitgefühl entgegenkommt angesichts seiner wichtigen und schweren Aufgabe.

Den heiligen Zorn gibt es übrigens auch beim Regiment der Friedfertigen, nur nimmt er hier eine andere Gestalt an. Sie bezeichnen sich gern als Idealisten; tatsächlich geht es ihnen aber auch um Regeln – Regeln des Umgangs mit der Umwelt, Regeln für eine friedfertige Diskussion, Regeln für eine gerechte Arbeitsteilung in der WG, die Entsorgung des Mülls betreffend, den Abwasch und das Säubern des Bades. Daß auch hier die Regulierung mindestens ebenso wichtig ist wie das Geregelte, ist daran erkennbar, daß sie, worum es ihnen geht, immer als Verbote formulieren: Ein Mann darf in einer Diskussion nicht mehr sprechen als eine Frau (eine Regelausarbeitung der feministischen Männergruppe); man darf Plastikfolien nicht in den Restmüllbehälter geben (als Ausdruck

männlicher Achtung vor der Mutter Erde); das Sandspielzeug
im Sandkasten der neuen Öko-Siedlung darf nicht von einem
einzelnen Kind in Beschlag genommen werden (eine Frucht
sozialistischer Väterlichkeit). Und man darf, vor allem, niemals aggressiv werden, sondern muß sagen.»Du, das finde ich
richtig ungut, du« (das haben sie in der Selbsterfahrungs-
gruppe gelernt). – Übertretungen solcher immer als Verbot for-
mulierter Regeln rufen hier nicht einen Gefühlsausbruch hervor, sondern die strenge Aufforderung zum Ausdiskutieren.
Man fragt sich, was schlimmer ist.

Männer haben die Bürokratie erfunden, und sobald sie sich
als Vertreter derselben sehen dürfen, können sie das Regel-
werk auch ganz sachlich durchsetzen. Sie tun dies, indem sie
in größter Ruhe und hingegeben eine raffinierte Stufenfolge
von Sanktionen ausarbeiten. Hat jemand zum Beispiel einen
Parkschein nicht gezogen, so erhält er von Staats wegen einen
höflichen Drohbrief, der etwa so beginnt:»Sie haben Ihr Fahrzeug verkehrswidrig abgestellt ...« oder»Sie haben die
Straßenverkehrsordnung verletzt«. Dann werden genüßlich
die Strafen aufgezählt, die wir zu gewärtigen haben, würden
wir etwa leugnen, unser Fahrzeug»verkehrswidrig« abgestellt
zu haben. Natürlich haben wir das Recht des Einwands; ein
solcher hätte aber keine aufschiebende Wirkung, denn vor jeder Berücksichtigung eventueller Mißverständnisse oder besonderer Situationen muß der Regel Genüge getan werden.
Und damit wir auch die überpersönlichen Dimensionen solcher Regelverwaltung und unseres regelwidrigen Verhaltens
erfassen, ist der Brief maschinell verfaßt und»ohne Unter-
schrift gültig«. Soll sagen: Die Regel an sich ist hier am
Werke, nicht etwa ein konkreter Mensch.

Überhaupt hat die Faszination des Mannes an Regeln einen
Akzent auf dem, was geschieht, wenn die Regeln verletzt werden. Das führt zu der Vermutung, daß Männer durch eben diese
dringliche Nähe zur Welt der Regulierung irgend etwas kom-
pensieren. Vielleicht können sie sich das soziale Leben nur als
Vertrags- und Vorschriftenwerk vorstellen, als eine Art Tabelle
von Rechten und vor allem Pflichten. Man muß sich darauf

verlassen können, daß alle Mitglieder im Schrebergartenverein zweiwöchentlich ihren Rasen auf die Höhe von 1,5 cm herunterschneiden. Widrigenfalls tritt der Vorstand zusammen und formuliert eine schriftliche Abmahnung. Im Wiederholungsfalle müssen, leider, Sanktionen ausgesprochen werden: drei Stunden Mitarbeit an der Wege-Pflege oder ersatzweise 50 Euro in die Vereinskasse abführen. – Im weniger lustigen Falle sind es Männer, die sich die Organisation eines Straflagers ausdenken und das Reglement für eine humane Hinrichtung ausarbeiten. Hätte Eichmann eine Frau sein können?

Heutzutage tritt die Liebe zu geregelten Abläufen auch im Gewand der Technikbegeisterung auf. Was hier offenbar fasziniert, ist der vorbestimmte, vorhersehbare, weil strengen Wenn-dann-Regeln gehorchende Ablauf der technischen beziehungsweise elektronischen Prozesse. Hat man die Regeln einmal verstanden, nach denen die Informationsverarbeitung des Computers funktioniert, so steht man auf sicherem Terrain. Hierüber und hiermit läßt sich dann auch gerne kommunizieren. Man sitzt nächtens um 2 Uhr am PC und kommuniziert mit Billy aus Dakota – »Wie ist das Wetter bei euch? Trägst du auch gerne Jeans?« –, und zwar in einer Direktheit und Tiefgründigkeit, zu welcher man sich mit dem Nachbarn um die Ecke nicht ohne weiteres getraut. Der Computer filtert das aus der Kommunikation heraus, was regulierbar ist. Was von vornherein nicht so gut regulierbar erscheint, weil es vielleicht so komisch lebendig ist, ist am Computer gottlob auch gar nicht möglich ...

Aber genug der Bosheit. So einfach, wie das Klischee sich das denkt, können wir es uns nicht machen. Kehren wir zu Moses zurück. Ein Grenzgänger auch er und Mittler zwischen Gott und dem Volk, will er dem Volk das soeben an hohem Ort empfangene Gesetz bringen und künden. Aber was geschieht tatsächlich? Fürs erste bringt er es eben nicht. Er zerschmettert die Gesetzestafeln in seinem Zorn. Anstatt es zu künden, vernichtet er das heilige Schriftwerk.

Und er vernichtet es nicht nur im Bilde, sondern er übertritt es auch real: Nachdem er sich mit Gott über die aufrüh-

rerische Situation beratschlagt hat, sammelt Moses Getreue
um sich und befiehlt ihnen zu töten –»Brüder, Freunde und
Verwandte«. Dreitausend Mann werden hingemetzelt, ein
Vorgang, den man nicht eben als stringente Anwendung des
Gesetzes ansprechen kann, in dem es ja schließlich geheißen
hatte:»Du sollst nicht töten«.
Erst danach, sekundär, findet Moses sich in so etwas wie
Geduld. Er steigt erneut hinauf und schreibt jetzt selbst die
Gesetzesworte nieder, die er empfängt. Während die ur-
sprünglichen Tontafeln ausdrücklich»Schrift Gottes« waren,
ist die zweite Fassung von Menschenhand. Die Authentizität
des Gesetzes ist perdu.

Ein erstaunlicher Vorgang: Der Bringer und erste Vertreter
des Gesetzes zerschmettert und übertritt dieses gleich noch.
Das weist auf ein zumindest ambivalentes Verhältnis dieses
Mannes zu Gesetz und Regeln hin.

Der Akzent der Situation liegt gar nicht auf dem Gesetz
selbst und seiner heil- und bundstiftenden Bedeutung, sondern
auf seinem Befolg. Bleibt dieser aus, ist Aggression gleich zur
Stelle. Diese schert sich nicht um das Gesetz, sondern entlädt
sich elementar und jenseits eben der Gesetze, um deren Durchsetzung es gegangen wäre. – Wie kann das zusammengehören?

Staaten verbieten Gewalt, wenden aber Gewalt an, wenn
das Gesetz übertreten wird. Staaten brechen Kriege vom
Zaun, um Frieden zu stiften. Staaten töten, wenn getötet
wurde. Männerwelten ...

Wie wäre damals der Hergang gewesen, wenn die Figur des
Moses eine Frau gewesen wäre? Hätte sie wirklich die von
Gott beschrifteten Gesetzestafeln zerschmettert? Hätte sie
nicht eher versucht zu überzeugen? Kann man sich vorstellen,
daß eine Frau die Getreuen um sich versammelt und ihnen be-
fohlen hätte, zu töten»Brüder, Freunde und Verwandte«? –
Moses selbst hätte ja Alternativen gehabt: Er hätte das selbst-
vergessene Volk mit einer Ansprache zur Raison bringen können, um ihm dann das Gesetzeswerk auszuhändigen. Oder er
hätte warten können, bis das Volk des Tanzes satt gewesen
wäre. Oder er hätte das Gesetz zunächst den Getreuen ver-

künden können, damit diese im Laufe der Zeit als »Multiplikatoren«, wie man heute sagt, es unters Volk bringen. – Vor Inhalt und Bedeutung des Gesetzes stand für Moses aber seine augenblickliche Durchsetzung.

Hatte er denn im Ernst erwartet, das Volk würde geduldig am Fuße des Berges verharren, in religiöser Reglosigkeit quasi, bis er, nach 4o Tagen, mit dem Gesetz schließlich herabsteigt? Gerade das Warten mußte doch voraussehbar ein Vakuum erzeugen, welches mit atavistischer Abgötterei zu füllen nahelag. – Wie konnte Moses so überrascht und entsetzt sein?

Und wie, ferner, kann er annehmen, daß das mit Blut und Schrecken bestrafte Volk sich Inhalt und Bedeutung des Gesetzes noch zu eigen machen würde? Sät der religiöse Terror hier nicht eben jene Ambivalenz und Scheu vor dem Gesetz, von dem er doch vorausgesetzt hatte, daß es aus Einsicht und Hingabe angenommen würde?

Es fällt auf, daß Moses an keiner Stelle, auch nicht, nachdem er sich beruhigt hat, das Gesetz erklärt. Er versucht nirgends, das Volk für das Gesetz zu gewinnen. Er kommt gar nicht auf die Idee, es zu überzeugen. Die Vermutung liegt nahe, daß es ihm nicht primär um den Inhalt ging, sondern um seine Durchsetzung. Aber eben damit fordert er eine Art von Gesetzestreue heraus, die sich nicht auf Einsicht, sondern auf einen Gehorsam gründet, der Sanktionen vermeiden will.

Wenn also diesem Mann die Durchsetzung das Vordringliche ist vor der Überzeugung durch den Inhalt, muß man vermuten, daß er selbst hier etwas vermeidet oder bekämpft. Wenn das »Prinzip« wichtiger ist als die konkrete Situation, auf die man ja hätte elastisch eingehen können, die Durchsetzung des Gesetzeswerkes wichtiger als sein Inhalt und seine Bedeutung, dann liegt der Schluß nahe, daß es die unübersichtliche, vitale Situation der Ungeregeltheit an sich war, was er hier bekämpft. Sie muß ihm unheimlich gewesen sein, etwas in ihm angesprochen haben, das er vermeiden wollte. Und worum es sich hier handelt, das zeigt sich sogleich: Er zerschmettert die Tafeln und tritt das Gesetz nicht anders mit Füßen wie das berauschte Volk.

Er verkennt völlig die religiöse Sehnsucht des Volkes, die ja der beste Boden gewesen wäre für die Verkündung des Gesetzes. Hilflos, nur mit seinem Zorn beschäftigt, wird er von innen heraus von dem ergriffen, was das Gesetz in Schach zu halten beabsichtigt. So ist er nicht nur der erste Empfänger und Vertreter des Gesetzes, sondern auch der erste Übertreter.

Ist diese ambivalente und in sich widersprüchliche Haltung zur Sphäre des Gesetzes nun »typisch männlich«? Man kann es offen lassen. Immerhin scheint dieser Zug eine Möglichkeit des Männlichen, das eben auch hier sich der eindeutigen Bestimmbarkeit entzieht. Daß es auch die andere, entgegengesetzte Möglichkeit im Männlichen geben kann, erscheint urbildlich 1500 Jahre später: Die Figur des Jesus, der irdisch gesehen schließlich ein Mann war, lebt das Gegenteil des hier beschriebenen Zuges. Aber ob dessen Gelassenheit vor dem Gesetz und seine Fähigkeit, unabhängig vom Gesetz auf die konkrete Situation einzugehen, »typisch männlich« ist, das muß man auch offen lassen.

– Niemand wird Ihnen nach diesem Beitrag
nachsagen können, Sie würden einseitig für
den Mann Partei ergreifen.
– Wieso nicht? Ich ergreife doch Partei
für ihn, nur nicht für sein Zerrbild.

. . . .

Das Unvermögen an der Grenze

Die Grenzverletzung als schöpferische Möglichkeit des Mannes kennt die Gefahr des Abgrundes. Wird nämlich der Vorgang nicht radikal genug versucht, dann zeigt sich nicht das Neue, das erwartet wurde, sondern als sein Schatten erscheint Zerstörerisches.

Das Phänomen Gewalt wird vielfach immer noch so gesehen, als läge dem Ausbruch der Gewalt eine Art innerer Vulkanausbruch zugrunde. Da hat sich etwas angestaut, das mit brachialer Naturgewalt an die Oberfläche dringt und unkontrolliert die ansonsten friedlichen Ländereien zwischenmenschlicher Begegnung vernichtet. Psychologisch Interessierte stürzen sich sogleich auf die Ursachen des vulkanischen Feuers: In dem großen Sack, der die menschliche Seele dann doch wohl wäre, müssen irgendwelche Dinge enthalten sein, die irgendwann einmal herauskommen müssen. Einfeuern und Ausfeuern funktioniert demnach streng nach dem Gesetz von der Erhaltung der Energie. Moralisch gesonnene Mitmenschen machen sich sofort Gedanken darüber, welche Brandschutzmaßnahmen nötig wären, um die wandelnden Vulkane zwar nicht am Feuerspeien, aber zumindest an der Beeinträchtigung ihrer Umwelt zu hindern, weil es ja doch darum gehen muß, das Monster Mann möglichst schnell und wirksam zu bändigen. Beiden Ansätzen gemeinsam ist die Angst vor der Gewalt: Der Gewalttätige erscheint als ein mächtiges Wesen, dessen Kraft ein gewisses Übermaß an Stärke signalisiert.

In Wirklichkeit geht der Gewalthandlung oftmals eine vollständige Hilflosigkeit des Täters voraus. Gewalt ist dort nicht das Mittel des Starken, sondern der Griff des Schwachen nach dem letzten Strohhalm, um seine Schwäche nicht aushalten zu müssen.

Das männliche Unvermögen, das sich in der Gewalt ausdrückt, ist also nicht ein Mangel an Kontrolle über eine vorhandene Kraft, sondern die Unfähigkeit, mit der Abwesenheit von Stärke umzugehen. Wer Gewalt ausübt, hat es nötig, sich und anderen vorzuführen, daß er sich durchsetzen kann. Die Scham über die eigene Schwäche und die Vorstellung, stark sein zu müssen, bringt den Gewalttätigen in einen Konflikt gegenüber sich selbst: Sich als Unterlegener in einer Situation zu sehen, stimmt nicht mit den Erwartungen an das Mannsein überein.

Körperliche Gewalt ist schnell als etwas Verabscheuungs-
würdiges auszumachen. Die Demütigung, die in Form von
Worten eine unscheinbare Gestalt, aber ein nicht zu unterschätzendes Potential an Verletzungskraft in sich birgt, ist
klassischerweise eher eine Domäne der Frauen. Für verbale
und körperliche Gewalt gilt gleichermaßen: Wer sie ausübt,
hat kein Verhältnis zu den eigenen Grenzen, er ignoriert sie
ebenso wie die des Opfers, sein Übergriff ist zerstörerisch. Er
drängt dem Opfer damit die Position des Verletzten auf, die er
selbst nicht aushalten konnte.

Diesem Unvermögen kann nur abgeholfen werden – es
klingt vielleicht paradox – durch das Annehmen des Unver-
mögens. Indem mir zugestanden wird und ich mir selbst er-
laube, unvollkommen, schwach und hilflos sein zu dürfen, gewinne ich innere Stärke aus meiner Schwäche.

Sucht – das Verhältnis zum Altwerden

Natürlich ist Sucht kein reines Männerproblem, aber in dem
erweiterten Sinne, in dem es hier behandelt werden soll,
schließt es an typisch männliche Verhaltensmuster an.

Überall dort, wo etwas nicht um seiner selbst willen geschieht, wo eine Ersatzhandlung vollzogen wird, geht es um
Sucht. Was ist damit gemeint?

Wenn jemand allabendlich vor dem Geldautomaten
sitzt, um Münze für Münze im Groschengrab versinken zu
sehen, dann geht es nur vordergründig um den großen Gewinn. Die Sehnsucht zu gewinnen ist ein Ausdruck für die
Hoffnung, etwas zu bekommen, das man sich nicht erarbei-
ten muß, das einem zufällt, weil man ein Begünstigter des
Glücks ist – ein Kind der Götter, die himmlische Gnaden-
gaben zu verteilen haben, die man nicht verdienen kann.
Der Griff zur Alkoholflasche läßt mich über mich hinauswachsen, meine kleine, graue Alltagswelt kann ich hinter
mir lassen und in einer anderen Welt Zuflucht finden, in der
meine unausgesprochenen Wünsche vielleicht doch einmal
wahr werden.

54   Zu jeder Sucht, sei es nun Arbeits-, Sex- oder Drogensucht, läßt sich aufzeigen, was in Wirklichkeit gesucht wird. Die Scheinerfüllung schafft eine oft erstaunliche Stabilität, so daß der wahre Hintergrund der Ersatzhandlung oft gar nicht bewußt wird.

Ein sehr weitgehendes und allgemein nicht als Sucht geltendes Phänomen männlicher Ersatzhandlungen hat mit dem Gebiet der Maschine zu tun. Papas Rasenmäher, das liebe Auto, der Bandschleifer und so weiter füllen ohne Mühe die Witzspalten. Worum geht es?

Jede Maschine verlängert und verstärkt meinen Willen. Auf Knopfdruck gehorcht sie (vorausgesetzt, ich habe sie richtig bedient) meinem Befehl und führt in berechenbarer Präzision das aus, was ich will. Das ist an und für sich etwas sehr Sinnvolles und stellt die Rechtfertigung der technischen Innovationen der letzten 150 Jahre dar. Jeder kennt aber auch die Grenzen der reinen Nutzanwendung. Im Alltag sprechen wir davon, daß jemand mit einer Maschine spielt. Das Kind im Manne hat mit dem neuen Automodell sein neues Spielzeug gekauft. Auch das ist ja schön und sicher jedem zu gönnen. Problematisch wird es erst, wenn man vom Spiel nicht mehr lassen mag, wenn der Besitz von Maschinen zum Symbol wird für etwas, das auf anderem Wege nicht (mehr) möglich ist. Dann wird auf der Ebene der Wahrheit etwas versäumt, das in der Welt des Scheins ersatzweise aufgesucht wird.

Ein alternder Mann sagte über seine fortgesetzten Bestrebungen, das Eigenheim umzubauen: »Wenn ich aufhöre zu bauen, muß ich sterben.«

Dem Verfall des eigenen Körpers wird hier das ewige Leben des festen und schönen Gebäudes entgegengesetzt. Suchtverhalten und Ersatzhandlungen weisen immer zurück in ein früheres, lebendigeres, reicheres Leben als das gegenwärtige, das gekennzeichnet ist vom Altwerden, vom fortschreitenden Unvermögen.

Der französische Skandalautor Michel Houellebecq hat in seinem 1998 erschienenen Roman »Elementarteilchen« von

einem umwälzenden Ereignis in bezug auf den Verfall menschlicher Körper geschrieben: »Die Schaffung des ersten Wesens,
des ersten Vertreters einer neuen, intelligenten Spezies, die der
Mensch ›ihm zum Bilde, zum Bilde des Menschen‹ schuf, fand
am 27. März 2029 statt.« Mit Hilfe des Instrumentariums der
Genforscher wäre mit diesem Schöpfungsakt zugleich die Auslöschung der jetzt lebenden Menschheit bewerkstelligt, aber
die beteiligten Männer waren begeistert. Sie hatte der Wahl-
spruch geleitet: »Die Wandlung findet nicht im Geist statt,
sondern in den Genen.« Die Faszination der Unsterblichkeit –
und sei es um den Preis der Vernichtung der Menschheit –
führt zu Ersatzhandlungen im globalen Stil. Es handelt sich dabei um die Sucht, sich auf dem Gebiet der genetischen Mani-
pulation die Wandlungen (heute heißt das »Verbesserung genetischer Optionen«) zu verschaffen, die eigentlich auf dem Felde
geistiger Betätigung von jedem Menschen selbst zu schaffen
wären. Hier liegt auch die Aufgabe: Das Altwerden des Körpers
kann der Ansporn sein, den inneren Quell der Jugend aufzusu-
chen und mit ihm lebendig zu bleiben.

Mißbrauch – das Verhältnis zum Tod

In den letzten zwanzig Jahren ist viel zum Thema »sexueller
Mißbrauch« geschrieben worden. Mit dem Bruch des Schweigens ist ein ganz wesentlicher Schritt zur Hilfe für die Opfer
möglich geworden. In der öffentlichen Diskussion passiert es
jedoch leider sehr schnell, daß gerade der Zusammenhang des
Mißbrauchs mit der Sexualität den Blick auf die seelischen
Hintergründe mißbrauchenden Verhaltens verstellt. Wie das
sprichwörtliche Kaninchen vor der Schlange wird dann auf die
sexuellen Handlungen der Täter reagiert, statt sich der Frage
der seelischen Vorgänge zwischen Mißbraucher und Opfer zu-
zuwenden.

Beim Mißbraucher liegt wie beim Gewalttäter eine Art
Ignoranz gegenüber Grenzen vor. Greift der Gewalttäter über
seine eigenen und die Grenzen des Gewaltopfers hinweg, so
entsteht beim Mißbraucher ein inneres Vakuum, ein Sog,

den die unabgegrenzte Person des Täters auf die Seele des Mißbrauchsopfers ausübt.

Mißbräuchliches Verhalten ist dadurch gekennzeichnet, daß zum Ausgleich der eigenen Unzulänglichkeiten andere Menschen benutzt werden. Die Mißbrauchsopfer müssen am Mißbraucher vollziehen, was dieser aus eigener Kraft nicht kann.

Schon der Satz »Tu es mir zuliebe!« hat im Ansatz einen mißbrauchenden Zug: Die Aufforderung zu einer Tat aus Liebe macht sie unmöglich, da sie ja nur freiwillig eine Liebestat sein kann. Auch der Wunsch, sich in seinen Kindern oder Enkeln zu verwirklichen, ist im Grunde mißbrauchend. Sich selbst über jemanden anderen zu erleben oder auszuleben löscht beide Persönlichkeiten aus, die eigene und die fremde. Wie geht das vor sich?

Henrik Ibsen hat mit seinem »Baumeister Solness« eine Figur gezeichnet, die zur Durchsetzung der eigenen Ziele andere Menschen benutzt: Halvard Solness hat als Baumeister Karriere gemacht, aber auf Kosten seiner Frau Aline, seines Gehilfen Ragnar und anderer. Im Rückblick auf sein Leben spricht Solness davon, er habe sein Glück dadurch befördert, daß er Helfer und dienstbare Geister innerlich gerufen habe, die seinen Wünschen gemäß die Umstände günstig eingerichtet hätten. »Aber ich will Ihnen sagen, was für ein Gefühl das ist, dieses Glück! Man spürt es wie eine große hautlose Stelle hier auf der Brust. Und die Helfer und Diener, die gehen hin und reißen anderen Menschen Hautfetzen herunter, um meine Wunde damit zu schließen! Doch die Wunde, die heilt trotzdem nicht.«

Eine Art seelischer Kannibalismus liegt vor, wenn sich im Einverleiben des anderen Menschen eine Art Bereicherung, Erhöhung oder Stärkung des eigenen Wesens ereignen soll. In den Vampirgeschichten des 19. und 20. Jahrhunderts taucht in Form der Blutsauger ein Bild dafür auf, wie die »Untoten«, die nicht mit ihrem eigenen Sterben zurechtkommen, durch das Aussaugen der Lebenden eine Art Scheinleben führen. So vergeblich der Versuch des Kannibalismus oder Vampirismus bleiben muß, so zerstörend wirkt er sich aus: Der Wunsch, fremdes Leben zu benutzen, um das verlöschende eigene zu retten, zerstört beide Leben.

. . . .

Das Scheitern als Quell

Das dreifache Unvermögen, das sich im Verhältnis zu Schwäche, Altwerden und Tod darstellt, muß kein Anlaß zu Resignation oder Schuldgefühlen sein. Vielmehr kann das Scheitern und vor allem das Aufwachen an diesem Scheitern ein wesentlicher Anteil des Weges zu neuem inneren Leben werden. Das Versagen weckt die Sehnsucht nach der Erweiterung der eigenen Grenzen.

Im Anerkennen und Annehmen der Unfertigkeit kann auch zu einer zeitgemäßen Form der Religiosität gefunden werden.

Gesetz, Gewissen und Eigenverantwortung

Religion wird mißverstanden, wenn das Gottesbild noch immer einseitig als Instanz gezeichnet wird, die das Wohlverhalten der Menschen durch Gesetz und Bestrafung von außen sichern will. Die Ideale und Zielbilder der Religionen müssen aber nicht als Regelwerke angesehen werden, dem die Gläubigen unterworfen werden sollen, um ein schlechtes Gewissen gegenüber einer gestrengen Vaterfigur zu erzeugen.

In der Bergpredigt des Matthäusevangeliums ist für das Christentum der Umschwung aufgezeigt, der die Gesetzesinstanz von außen nach innen verlegt. Nicht mehr derjenige verhält sich dieser neuen Sicht gemäß, der den Versuch unternimmt, keine Fehler zu machen und damit ein »Gerechter« im Sinne göttlicher Gebote zu sein. Hier erscheint es als weitaus wichtiger, aus den Fehlern, die erst gemacht und dann bewußtgemacht werden, die entsprechenden Konsequenzen zu ziehen. Dazu gehört die Bereitschaft, die persönliche Verantwortung für die Tat beziehungsweise die Unterlassung zu übernehmen. Das ist durchaus etwas anderes als die gängige – und von Männern gern in Anspruch genommene – Fixierung auf die Frage nach der Schuld. Wenn ich bereit bin, die Verantwortung für meinen Anteil an dem in Rede stehenden Geschehen zu übernehmen, klammere ich mich nicht an der Vergangenheit fest, sondern ich kümmere mich um die Zukunft. Und die beinhaltet nicht die Wiederherstellung des Unschuldszustandes (die gar nicht möglich ist), sondern fragt nach den neuen Möglichkeiten aus der entstandenen Situation. Leicht wird hier im Sinne der überflüssigsten Frage von Erwachsenen gegenüber streitenden Kindern verfahren: Wer hat angefangen? Warum wird nicht häufiger gefragt: Wer hört auf?

Jeder Gesetzesbruch, jeder erkannte Fehler, jede begriffene Schwäche kann die Aufmerksamkeit schärfen für die Untiefen und damit aber auch für die Erhöhung und Erweiterung des Menschenmöglichen.

Die Umkehr nach dem Fall wird sich dann nicht darin erschöpfen, wieder lieb sein zu wollen oder mit rechnerischer Exaktheit Wiedergutmachung zu praktizieren, sondern in einem vielleicht eher unspektakulären Wandel der Ansichten und Gesinnungen oder im größeren Verständnis für die Fehler der anderen.

*Zeitlichkeit des einzelnen und Überzeitlichkeit
der Gemeinschaft*

Wenn denn schon ein Gott oder wenigstens eine innere Instanz des Gewissens anerkannt werden kann, dann muß damit noch nicht ein Verständnis für das Leben in religiösen Gemeinschaften gegeben sein. Ich kann doch für mich ganz allein mit dem, was ich als Gott anerkenne, in Verbindung bleiben, wozu brauche ich da eine Gemeinschaft? Der Wunsch, selbst und ganz allein stark zu sein, verdeckt die Sicht darauf, daß es durchaus hilfreich und angenehm sein kann, sich auf die Stärke eines anderen Menschen verlassen zu können. Kinder mögen beides: Den Alleinsieg aus der Unabhängigkeit der eigenen Kraft und die Entspannung, die durch die Fürsorge eines behütenden und beschützenden Retters geschenkt wird. Wäre unsere gegenwärtige Kultur nicht so verliebt in die Eigenständigkeit, dann wäre es eine Lust, im Älterwerden die Arbeit und Hilfe anderer Aktiver zu beanspruchen und getrost »faul« zu sein. Gemeinschaft entsteht nicht aus der Bereitschaft einzelner, anderen zu helfen, sondern aus der Fähigkeit, sich von Fremden helfen zu lassen. Merkwürdigerweise steht der Hang zur Selbständigkeit im Widerspruch zur Realität unserer arbeitsteiligen Gesellschaft. Arbeitsteilung ist nicht nur ein Gebot wirtschaftlichen Fortschritts, sondern der Schlüssel zu dem Glücksgefühl, das sich einstellt, wenn echte Geschenke gemacht werden. Das Wort des Paulus »Einer trage des anderen Last« führt ja nicht dazu, daß insgesamt weniger Lasten da wären. Durch den Akt der Gegenseitigkeit entsteht nur eine andere Qualität des Tragens.

Zu den nüchternen Bedingungen von Lasten und Tragen kommt hier die Kraft der Liebe hinzu. Es gibt immer noch einen Rest von scheinbar unsichtbaren Möglichkeiten, die durch die Liebe mobilisiert werden können. Dieses Unberechenbare ist der Grund dafür, warum eine Gemeinschaft immer mehr beinhaltet als die Summe ihrer Teile. Liebe sprengt jegliche Ökonomie, sie trägt auch dazu bei, daß menschliche Verhältnisse nicht berechenbar sind. Was sich zwischen Menschen in Liebe ereignet, ist eine Art göttliches Potential. Aus der Armut dessen, was ich als einzelner nicht kann, entsteht in dem Versuch der Gemeinschaft die Grundlage für die Anwesenheit eines Göttlichen: »Wo zwei oder drei in meinem Namen versammelt sind, bin ich mitten unter ihnen.«

Tod und Todesüberwindung

In der Gestalt des gekreuzigten und Mensch gewordenen Jesus Christus wird die Stärke des Schwachen vollends anschaubar: Indem er den Tod als die größte Ohnmacht des Menschen durchmacht, gewinnt er die Kraft zur Todesüberwindung. Da-

60 vor jedoch vollzieht sich die Näherung an die Grenze des Todes in der Passion. Der Weg auf diese Grenze zu ist durch Verrat, Verleugnung, Spott, Schläge und den Gipfel des Leidens von der Verurteilung bis zur Kreuzigung gekennzeichnet. Die Verlierer aller Zeiten haben sich mit ihrem kleinen Leiden in dem großen Leiden Jesu Christi wiederfinden können. Ihre Grenzwege führten manche zur Berührung mit seinem Wesen, das ihnen von jenseits des Todes nahe kam. Die existenzielle Bedrohung der Leidenden und Sterbenden muß nicht zur Auslöschung ihres Wesens führen. Wo nichts mehr zu gehen scheint, wird durch die Berührung mit dem Auferstandenen ihre eigene Auferstehungskraft entfacht. Der drohenden Zerstörung ihres Leibes wird der Aufbau eines Neuen gegenübergestellt, das durch den Tod hindurchführt.

Im Begehen des Abendmahls schließen sich die angedeuteten Schritte zusammen: Die Gottesbegegnung wird nicht in der Unterwürfigkeit unter eine jenseitige Gottesmacht gesucht, sondern im Nachgehen der Wege Christi als des menschgewordenen Gottessohnes. Die Feier des Mahles verbindet gleichermaßen den einzelnen Gläubigen mit dem Auferstandenen als auch die Glieder der Gemeinde untereinander. Und schließlich gibt diese »Vermählung« dem alltäglichen Vorgang des Essens eine umfassende Dimension: In ihr werden die Liebeskräfte entfacht, die ein neues Sein von Mensch und Erde vorbereiten wollen. Dadurch, daß der Leib Christi hinübergegangen ist durch den Tod zu neuem Leben, kann dieser Leib Nahrung werden für das innerste Wesen eines jeden, der sich ihm zuwendet und verbindet.

- So, nun kam endlich mal wieder etwas von mir. Dafür sind es gleich zwei Texte. Leider kommt es stilistisch nicht so locker rüber, wie ich es gern gehabt hätte und bei Ihren Texten bewundere.
- *Die Wendung ins Religiöse war für mich überraschend, fügt sich aber gut in den Text*

ein. Ich habe mich immer gefragt, weshalb **61**
Christus irdisch ein Mann war. Weil er alle
Grenzen überschritt?

. . . .

Warum die Welt in sechs Tagen erschaffen wurde, aber das Pfund Kaffee 3.99 Euro kostet

An Regentagen, wenn wir Jungs nicht raus durften, haben wir gern mit Zahlen gespielt und experimentiert. Irgendwann kam einer von uns auf die Idee, daß wir versuchen könnten, die Zahlen auch zu hören. Die einfachste Art, Zahlen zu hören, ist der Rhythmus. Man lege eine Zeitspanne fest von, sagen wir, fünf Sekunden. Nun setze man mit einem Schlegel innerhalb dieser Zeitspanne zum Beispiel vier Schläge gleichabständig auf die Trommel. Das wiederhole man einige Male. Als nächstes setze man je fünf Schläge in der gleichen Zeitspanne. Schließlich kann man mehrmals zwischen dem Vierer-Rhythmus und dem Fünfer-Rhythmus wechseln.

Schon als Kinder haben wir gespürt, daß der Vierer-Rhythmus beruhigend wirkte, ordnend und rund, der Fünfer-Rhythmus aber eine merkwürdige Spannung erzeugte und eine gewisse Unruhe hinterließ. – Wir variierten das Experiment: Wir legten zum Beispiel zehn Sekunden als Zeitraum fest und probierten es erst mit einem Sechser-Rhythmus, danach zum Beispiel mit einem Neuner-Rhythmus. Ähnlich wie beim Vierer-Rhythmus vermittelte uns die Sechs ein Gefühl von Vollständigkeit, die Neun aber irritierte durch eine Qualität von Unfertigkeit. – In unserem Forscherdrang gingen wir auf größere Zahlen: Zwölfer-Rhythmus, verglichen mit der Dreizehn; 20 verglichen mit der 21. Obwohl zunächst der Unterschied zwischen den beiden Gefühlsqualitäten undeutlicher wurde, wenn wir immer größere Zahlen verwendeten, entwickelten wir bald die Fertigkeit, auch größere Zahlen nur anhand ihrer Gefühlsqualität als gerade oder ungerade zu erkennen.

Die geraden Zahlen brachten etwas ins Schwingen, das ein Gefühl von Bündigkeit, Erreichtem und Geordnetem hervorruft; die ungeraden Zahlen vibrierten unruhig und riefen nach etwas Weitergehendem, Versöhnlichem. Sie hatten für uns deutlich die Qualität des Störens einer Ordnung. Gerade diese Qualität wurde für uns besonders deutlich, wenn wir beispielsweise die Vier mit der Fünf, die Sechs mit der Sieben, die Acht mit der Neun verglichen. Es war, als ob die der geraden nächst folgende ungerade Zahl die geordnete Sphäre, die »heile Welt« der vorangehenden geraden Zahl störte, ja zerstörte. – Man kann es sich auch anders herum zum Erlebnis bringen: Hört man zuerst einen ungeraden Rhythmus und geht dann zu einem geraden über, so spürt man, wie etwas, das im ersten Rhythmus offenblieb und nach Abrundung rief, im nachfolgenden geraden Rhythmus erfüllt und beruhigt wird.

Jahre später: Es war der letzte Tag vor den Osterferien. Unser Mathematik-Lehrer war in selten aufgeräumter Stimmung (seine Tochter hatte den Tag zuvor geheiratet). Er erzählte von Pythagoras und seiner Schule, in der die geraden Zahlen als weiblich und die ungeraden als männlich gegolten hätten. Er schweifte, scheinbar, ab zur Kabbala und zur harmonikalen Musik, welche diese Unterscheidung für jede einzelne Zahl herausgearbeitet hätten. Wir haben seine Ausführungen damals nicht im einzelnen verstanden, aber wir erinnerten uns, daß wir den Unterschied uns schon als Kinder zu Gehör gebracht hatten. Er zeigte uns den Unterschied auch mit einigen einfachen mathematischen Vorgängen: Während die geraden Zahlen in gleiche Teile zerlegt werden können, ist das bei ungeraden nicht möglich, solange jedenfalls mit ganzen Zahlen operiert wird. So galt, wie er erzählte, die Sechs schon immer als vollkommene Zahl, weil sie die Summe ihrer Teiler ist. Die Zehn versöhne und vereine die spannungsgeladene, konflikthafte Fünf. Die Zwölf sei von alters her die Zahl der Vollständigkeit überhaupt, die Dreizehn dagegen deren Überschreitung und Bedrohung. So bringe die ungerade Zahl gegenüber der Geschlossenheit der jeweils vorangehenden geraden Zahl immer etwas Neues. Die ungerade Zahl spricht die

Sphäre der Grenzüberschreitung an, sie stürzt die von der geraden Zahl geordnete Welt in die Krise. Die geraden Zahlen
verweisen auf Ordnungsverhältnisse, die ungeraden auf Span-
nungsverhältnisse. Die ungerade Zahl aber bedroht die Ordnung, stört sie, kann sie aufheben, zerstört sie.
Nun ahnen wir Schreckliches. Aus dem Spiel wird Ernst.
Wenn die ungeraden Zahlen als männlich gelten, was ist dann
über Wesen, Bedeutung oder Aufgabe des Männlichen gesagt?

Die Welt und ihre Verhältnisse wurden geschaffen und
geordnet nach dem Prinzip der geraden Zahlen – in sechs
Tagen, mit vier Himmelsrichtungen, bevölkert von zwei
Geschlechtern, deren Leib wiederum polar, also nach der
Zweiheit, aufgebaut wurde. Am siebten, dem nächst folgen-
den ungeraden Tag, hat Gott vorsichtshalber nichts unter-
nommen, sondern sich nur daran erfreut zu sehen, daß es gut
war. Sonst hätte er am siebten Tag womöglich Hunde mit
drei Beinen oder Steuerbeamte mit einem siebten Sinn erschaffen. Im ersten Fall wäre das Ergebnis zu komisch gewesen – wie würde ein Hund mit drei Beinen wohl laufen? Im
zweiten Fall würden wir jede zweite Steuererklärung zur
Nachbesserung zurückbekommen.

Eindeutig Schöpfungen eines männlich-ungeraden Tages
sind die Preise des Einzelhandels: Warum, zum Beispiel, kostet ein Pfund Kaffee nicht einfach 4 Euro, sondern 3.99? Weil
der ungerade Preis das Gefühl hervorruft – und hervorrufen
soll –, daß der Händler hier in äußerst knapper, angespannte-
ster Kalkulation zum Segen für seine Kunden den Preis immer
weiter heruntergerechnet hat, bis es an seine eigene Existenz
ging. Hier erzeugt die ungerade Zahl eine Spannung, die eher
zum Kauf anregt als so ein langweiliger Preis wie 4 Euro.

Wenn es also eine Verwandtschaft gibt zwischen der
Sphäre der ungeraden Zahlen und dem Wesen des Männlichen, so müssen wir damit rechnen, daß das Männliche eine
Affinität zur Unausgewogenheit, zur Grenzüberschreitung
und zur Krise hat. Das wäre nicht unbedingt neu, und zahl-
reiche Ehefrauen sowie Mütter von Söhnen hatten ohnehin
schon so etwas vermutet. Aber das in Rede stehende Ver-

64 wandtschaftsverhältnis könnte noch eine grundsätzlichere, weitergehende Bedeutung haben, welche sich in die ungemütliche These fassen ließe: Es ist die Aufgabe des Männlichen, zu stören. Wie unangenehm! Sind deshalb Revolutionäre, Künstler, Erfinder, Neuerer in der großen Mehrzahl männlich? Die Frauenemanzipation hat uns etwas anderes gelehrt: Demnach sind Frauen systematisch die Möglichkeiten vorenthalten worden, als Revolutionärinnen, Erfinderinnen, Künstlerinnen hervorzutreten. Das bräuchten wir aber gar nicht zu bestreiten. Denn unsere – zugegeben hundsgemeine – These sagt etwas über die Qualität des Männlichen, nicht auch sogleich über »den« Mann und somit auch nichts über »die« Frau. Bekanntlich kann jedes Geschlecht vom anderen bestimmte Seelenqualitäten haben, mehr oder weniger.

Dennoch darf man davon ausgehen, daß Männlichkeit den meisten Männern näher, selbstverständlicher ist als Frauen. Im übrigen besteht auch gar keine Wertung oder gar Auszeichnung darin, dem Männlichen die Aufgabe oder Fähigkeit des Störens zuzuschreiben. Denn häufiger, als daß dieses Störpotential konstruktive Formen annimmt (wie immerhin einige Beispiele aus Wissenschaft, Kunst und Religion zeigen), kippt es ins Zerstörerische. Wir sprachen schon davon, daß uns die Nähe des Männlichen zur destruktiven Form der Grenzüberschreitung geläufiger ist. Diktatoren, Verbrecher, Henker, Folterer, Vergewaltiger – das sind Männer. Und das liegt wohl kaum daran, daß Frauen gesellschaftlich nicht die gleichen Chancen hatten oder haben, zu Diktatoren, Henkern oder Verbrechern zu werden.

Ob nun einzelnen konkreten Männern diese hier behauptete Aufgabe des Männlichen – Spannung zu erzeugen, in das Selbstverständliche, Gewußte und Geordnete die Krise zu tragen, es in Frage zu stellen – recht ist, ob sie das auch wollen können, das ist eine andere Frage. Man kann aber auf die Idee kommen, daß die Leugnung dieser Fähigkeit zur Krise erst zu den destruktiven, verdrehten und manchmal perversen Wucherungen männlichen Gebarens führt, welche Frau und

Mann zu beklagen haben. Beharrliche Konflikt- und Spannungsvermeidung führt gerne zu ihrem Gegenteil. Der Zug des Männlichen zu Krise, Unfertigkeit und Neuerung wird wohl erst dann sich in breiterer Form segensreich auswirken, wenn er vom Mann als ein Teil seines Wesens bejaht wird. So sind wir vom unschuldigen Spiel mit Zahlen über die gute Laune eines Mathematik-Lehrers wieder bei der Auffassung angelangt, daß die genuine Bedeutung von Männlichkeit womöglich nicht primär in der Befestigung der Verhältnisse und derer mitunter unerbittlichen Verteidigung liegen könnte, sondern im Gegenteil in der Radikalität, mit der diese in Frage zu stellen und weiterzubewegen sind.

– Vielen Dank für Ihren neuen Text, den ich erst heute gelesen habe. Es gefällt mir sehr, daß viele religiöse Bezüge von Ihnen kommen. Ich hätte zum Beispiel nicht die Unbefangenheit gehabt, Kaffee, Mathematik und die Schöpfungstage in einen Zusammenhang zu stellen. So ungeplant und uneinheitlich wir konzipieren, es gibt doch schon eine durchgehende Linie durch die Beiträge: Der Mann als das gefährdetere, unfertigere, aber damit auch seinem Selbstverständnis nach offenere Wesen. Ich bin gespannt, was unsere weiblichen Leser dazu anmerken werden ...

Junge, bleib sauber!

Das schönste Gepäckstück für die kleine oder große Reise ins Leben ist Mutters Proviantpaket. Ob es die sorgsam gebutterten und belegten Stullen sind, in herrlich knisternde Tüten verpackt, das gewaschene und mundgerecht geschnittene Obst oder Gemüse in der Frischhaltefolie, oder der mehr oder minder gesunde beziehungsweise süße Riegel für den kleinen Hunger zwischendurch, alles atmet den wohligen Duft mütterlicher Fürsorge, alles sagt dem kleinen oder großen Jungen: »Ich habe an dich gedacht, laß es dir gut gehen auf deiner Reise, die du nun ohne deine Mutter bestehen mußt!« Bei jedem Bissen unterwegs hört der Junge diese Worte, mit jedem Schluck Apfelsaft aus dem Knickstrohhalm teilt sich ihm die liebevoll versorgende Hand der Mutter mit. Ohne es zu merken, hat er aber noch manches andere eingepackt – ob nun tatsächlich von Muttern mit eingetütet oder nur von ihm ausgewickelt. In ihren kleinen fürsorglichen Gesten ist sie selbst gegenwärtig, unsichtbar meistens, oder nicht als solche erkennbar.

Das ist alles natürlich noch nichts Besonderes. Fragwürdig und sogar gefährlich wird es jedoch, wenn zwischen Butterbrot und Trinkflasche in irgendeiner Form der scheinbar harmlose Satz »Junge, bleib sauber!« mit ins Lebensgepäck gelangt ist. Daß da etwas Unheilvolles passiert, liegt vielleicht noch nicht einmal in der Absicht der Mutter, die einen derartigen Satz mehr oder weniger hörbar ausgesprochen hat, ein selbstbestimmter Junge wird mit einem solchen Ausspruch möglicherweise gut umgehen können. Wann wird es kritisch damit?

Die Mutter hat, wie viele andere erwachsene Menschen auch, auf den Jungen den Eindruck gemacht, sie sei ziemlich weitgehend vollkommen. Da sie aber trotz aller Nähe zu ihm gegenüber seinem Jungesein ein grundsätzlich Fremdes bleibt, ist er vielleicht unsicher, was es mit dieser Vollkommenheit wohl auf sich hat.

Der Junge kann das Gefühl mitnehmen, daß seine Mutter deshalb so vollkommen ist, weil sie eine Frau ist, und daß sich ihre Vollkommenheit vor allem darin begründet, sauber geblieben zu sein: Jungen sind klein und schmutzig, Frauen sind groß und rein. Wer mit diesem Bild durchs Leben geht, muß sich auf eine ziemlich hoffnungslose Reise gefaßt machen. Da man seine Reinheit und Sauberkeit anscheinend bewahren muß, hat derjenige immer schon schlechte Karten, der unsauber, befleckt oder gar schmutzig geworden ist. Nur die Rückkehr in die Arme der vollkommenen Mutter kann vielleicht noch ein bißchen Linderung bringen. Wenn der Vorrat an Reinheit, mit dem Mutter mich versorgt hat, verbraucht ist, muß ich versuchen, bei ihr einen Neuanfang zu machen.

Für diese Rückkehr aber gibt es Bedingungen. Einfach als Schmutzfink in Mutters blütenweißen Schoß zurückzukehren, ist dann wohl doch nicht erlaubt und wahrscheinlich auch gar nicht möglich.

Es ist klar, daß es hier nicht um den Einsatz von Waschmitteln, kindliches Fußballspiel und die kleinen Gegensätzlichkeiten in der Auffassung von sauber und schmutzig zwischen Jungen und ihren Müttern geht. Unser Thema ist die Moral, und zwar die große, das ganze Leben betreffende Moral. Die erste und wichtigste Frage dabei lautet: Kann man unschuldig bleiben – und ist das sinnvoll? Der furchtbare Satz »Junge, bleib sauber!« macht da eine eindeutige Vorgabe: Man kann nicht nur unschuldig bleiben, man muß es sogar, der Mutter zuliebe. Nicht, weil es von ihr gefordert ist, sondern weil die Mutter als Frau eine Form von Reinheit verkörpert, die nicht verloren werden darf. Das Schuldigwerden ist in dieser Sicht der unaufhebbare Sturz in den Morast, aus dem niemand mehr in den Zustand der Sauberkeit zurückkommen kann. Wer sich mit Schuld befleckt, der ist für sein Leben gezeichnet und kann eigentlich erst durch den Tod wieder einen neuen Anfang versuchen.

Diese rigorose Moral, nach der man entweder ängstlich seine Unschuld bewahrt oder sie bereits unwiederbringlich verloren hat, ist lebens- und entwicklungsfeindlich, aber leider durchaus lebendig. Moralische Kraft wird nicht weniger, sondern womöglich stärker, wo sich jemand zu einem ethisch anspruchsvollen Verhalten durchringt, nachdem er schuldig geworden ist. Klar, eine Hose, die einmal im Schlamm verdreckt ist, kann nie wieder so sauber werden wie vorher. Ein Mensch allerdings, der bereit ist, aus Fehlern den Ansporn für die Entwicklung reiferen Verhaltens zu nehmen, ist nach dem Lernen über die Schuld vielleicht sogar reiner als vorher, denn er hat dazugelernt. Eine bloße Vermeidungsethik ist gegenüber einer Bewußtseins- und Verantwortungsethik in Wirklichkeit rückständig. Außerdem suggeriert sie, daß es möglich sei, ein ganzes Leben unschuldig zu bleiben. Wer Fehler macht, verliert in der Regel nicht nur seine moralische Sauberkeit, sondern auch seine Blindheit gegenüber dem, was ihm passiert ist. Diese Erfahrung ermöglicht ihm eine selbstbestimmte Wachheit gegenüber seinem Verhalten, das keine noch so große Vorsichtshaltung bewirken kann. In deren Verständnis ist das Leben nach dem Schuldigwerden wertlos oder kann nur noch zu bestimmten Bedingungen weitergeführt werden, die von außen gesetzt werden.

Was kann unser Junge also tun, um als verschmutzter Mann in den unschuldig-sauberen Schoß der reinen Moralität zurückzukehren?

Der erste Versuch könnte darin bestehen, das Schmutzigwerden nicht bemerkbar werden zu lassen. Die Hose mit dem Loch am Knie und den Grasflecken wird einfach unten im Wäschesammelkorb versteckt. Vorteil: Es bleibt noch eine Schonfrist, bis bemerkt wird, was er für ein Ferkel ist. Der Nachteil ist, daß es doch irgendwann rauskommt, dann ist der Junge gleich doppelt schuldig geworden (Vertuschungsversuch). Diese Methode wird trotz ihres zweifelhaften Ausgangs immer noch häufig praktiziert und ist bei außengesetzter Moral auch naheliegend: Man darf sich eben nur nicht erwischen lassen, im Extremfall noch nicht einmal von sich selbst. Mitunter gibt es da kuriose Wettläufe des Intellekts mit sich selbst, um die eigene Unschuld zu rechtfertigen, »weil nicht sein kann, was nicht sein darf«. Jedenfalls kann immer noch

jemand gefunden werden, der noch ein größerer Dreckskerl **69**
ist. Außerdem ist die Sache ja normal, nicht gut, aber wenigstens normal, oder?

Zweiter Versuch: Auf irgendeine Weise das Verfahren der Entschuldigung in Betrieb setzen, also irgendwie rückgängig machen, was passiert ist. Vom formelhaften Abbeten des »Tschuldigung« bis zum heimlichen Versuch der Reparatur und Wiedergutmachung gibt es ein reiches Verhaltensrepertoire. Man zeigt sich als klein und unzurechnungsfähig, nur die Hand ist böse, aus Versehen passiert, wieder artig sein, nicht wieder machen, ganz bestimmt nicht, und so weiter. Der verschmutzte Rückkehrer in die sauber gebliebenen Gefilde der Mutter möchte gern besser gewesen sein, als er tatsächlich war. Er möchte die Tat ungeschehen machen, er verflucht sich für das, was er getan hat, möchte mit dem schlimmen Menschen, der das verbrochen hat, nichts mehr zu tun haben. Er hat jeden Anspruch auf Anerkennung verloren und bittet um Gnade. Alles, was er je wieder sein wird, wird er durch die Vergebung der Mutterfigur, wer immer sie dann darstellt. Der Preis der Rückkehr in das Leben ist der »Verlust der Ehre«, wie es in alten Soldatenfilmen heißt, der Verlust der Würde. Ein neues Leben gibt es auf Pump, von Gnaden eines Mächtigen, weil ehren- und würdevollen Reinen.

Und der dritte Versuch? Nun geht es darum, durch eine Tat auf ganz anderer Ebene das neue, saubere Leben aus eigener Anstrengung zu verdienen. Dafür ist das feierliche Versprechen des »Nie mehr« nur ein Anfang, weiter geht es vielleicht mit einer quantifizierbaren Bußetat oder endlich mit dem heldenhaften Einsatz im »Kampf gegen das Böse« in einer Art »Bewährungsbattalion«. Der reumütige Heimkehrer geht erneut in die Welt, nun aber nicht mehr als fehlbarer kleiner Junge, sondern mit einem moralischen Auftrag, der seine eigene unbedeutende Person weit übersteigt, vielleicht sogar die ganze Menschheit rettet. Ja, der Kampf gegen das Böse auf der Welt ist bestens geeignet, zur Reinheit zurückzufinden. Erstens gibt es dabei das gute Gefühl, daß das Böse immer woanders ist, logischerweise, sonst könnte es ja nicht ein gerechter Kampf des Guten gegen das Böse sein. Zweitens ist in diesem Kampf auch manches erlaubt, was sonst verboten ist. Hier heiligt der Zweck wirklich einmal die Mittel. Und das Großartigste: In diesem Kampf wird der Kämpfer zurückgezaubert zu einem Guten und Reinen. Dieser große Kampf ist also weder etwas Schmutziges oder Beschmutzendes, er dient ja der Reinigung der Welt, noch steht er im Dienste irgendeiner Entwicklung. Er will nur den Zustand zurückholen, in dem es allein das Gute gibt, weil das Böse ausgelöscht und seiner gerechten Strafe zugeführt ist.

Ist Ihnen der Weg von der Provianttasche zum Krieg gegen das Böse zu kurz? Zugegeben, hier wird mit grobem Stift gezeichnet. Weder möchte ich dem Volkssport »motherhunting« frönen noch den Männern jeden selbstbestimmten Umgang mit moralischen Fragen absprechen. Daß Männer zu moralischen Eiferern taugen und mit dem Eingeständnis von Mängeln und Schwächen Probleme haben, ist schon in anderen Beiträgen dieses Buches geschildert worden.

Die Bereitschaft zur Übernahme und besonderen Betonung von Schuld scheint mir eine Wurzel in der doppelten Unreife zwischen Mutter und Sohn zu haben: Wird das Macht- und Vollkommenheitsgefälle zwischen den beiden nicht bearbeitet, dann nimmt der Sohn möglicherweise ganz ohne Absicht ein Frauenbild mit ins Leben, das früher gern als das gespaltene Bild von Madonna und Hure bezeichnet wurde. Frauen kommen ihm so übermächtig gut und vollkommen vor gegenüber der nichtswürdigen Kleinheit des männlichen Sünders, daß sie die eigentlichen Menschen zu sein scheinen. Entweder verehrt und bewundert man sie wie Göttinnen oder man haßt sie – eventuell auch gleichzeitig.

Nehmen wir zum Beispiel die Machos. Sie müssen sich permanent versichern, daß Frauen weniger wert sind als Männer. Offensichtlich haben sie das nötig, weil sie sich im Kampf der Geschlechter unterlegen fühlen. Sie verlagern ihren persönlichen Krieg gegen das Böse gegen »Emanzen« und ähnliche, ihrem Frauen-Mäuschen-Ideal nicht entsprechende Feindbilder. Und sind im Nebenberuf Pantoffelhelden.

Mütter allerdings, die durch den Satz »Junge, bleib sauber!« – in welcher modisch gefärbten Abart und Verpackung auch immer – ihren Söhnen männliche Verschmutzungen ersparen wollen, erreichen möglicherweise das Gegenteil. Eine angemessene Haltung muß der junge Mann schon allein und ohne mütterliche Ermahnungen finden.

Es sind die unbearbeiteten und unreifen Anteile in Müttern und Söhnen, die einen Mechanismus von Angst vor Schuld, Schuldigwerden und Kampf um die Unschuld in Bewegung halten, der letztlich destruktiv ist. Das oben erwähnte Macht- und Vollkommenheitsgefälle zwischen Mutter und Sohn kann am besten während der Pubertät abgebaut werden. Sie bietet die wunderbare Chance, sich von einander zu lösen, die symbiotische Verbundenheit der Kinderzeit hinter sich zu lassen und dem Inzesttabu auf der seelischen Ebene nachzukommen. Die Mutter verliert in den Augen des Sohnes durch sein erwachendes kritisches Bewußtsein und durch ihre Nöte im Umgang damit den Nimbus einer moralisch unangefochtenen Person. Der Sohn wiederum erweist sich als einer, dem man keine Freßpakete mehr packen muß. Er kann das nämlich schon allein.

– Die längere Sendepause war nötig, weil ich mich mit diesem Text ziemlich gequält habe. Ursprünglich wollte ich über den Mann als Spieler schreiben, aber das Mutterthema hat sich vorgedrängelt. Kommt die Mutter dabei zu schlecht weg?
– Eine Mutter sagte mir neulich: »Mein Sohn erzählt mir alles!« – Ich dachte nur: »Der arme Junge!«

Keine Furcht, Alter! Dies ist keine Beschwerde und Anklageschrift. Vielmehr ein Orientierung suchender Rückblick auf dich als Vater aus Anlaß der Geburt meines ersten Sohnes heute morgen.

Nachdem ich heute nacht Stunde um Stunde den Flur der Entbindungsstation auf und ab gegangen bin, erlöste mich um 8.15 Uhr die Hebamme mit den Worten »Jetzt sind Sie Vater«. Im selben Moment durchströmte mich eine tiefe Freude und Dankbarkeit, auf dem Rücken kribbelte die Gänsehaut – bis die Schicksalsdame gewichtig hinzufügte »... eines Sohnes«. Huch und Hilfe! Mir schien, sie blickte mich dabei fragend, wenn nicht zweifelnd an. Und ich meinte zwischen den Worten zu hören: »Ob Sie das schaffen?« Einen Moment ärgerte ich mich: Mußt du dich von einer Frau darauf hinweisen lassen, daß die Rolle des Vaters dem Sohn gegenüber noch eine andere, womöglich schwierigere sein könnte als die einer Tochter gegenüber – ein Amt womöglich? Doch diese Irritation währte nur einen Moment. Selig nahm ich den brüllenden Frischling in die Arme.

Doch jetzt, da alle Verwandten und Freunde benachrichtigt sind, der Ablauf der letzten Stunden sowie die technischen Daten des Knaben an die zwanzig Mal durchgegeben sind, spüre ich den Stachel wieder: Du bist Vater eines Sohnes! Und im Hintergrund weht die Ahnung vorbei, es wäre womöglich leichter, Vater einer Tochter zu sein. Also laß dir was einfallen, sagte ich mir.

Zuerst bist Du mir eingefallen. Also wie war das mit Dir, mit uns beiden, früher?

Meine ersten Erinnerungen an Dich sind vage, sorry. Bilder von unseren Kaninchen, die wir damals im Garten hielten, sind bedeutend deutlicher. Vom gemeinsamen Spiel mit der Holzeisenbahn weiß ich noch, das ich aber nicht genau datieren kann. Einmal lag ich mit Fieber im Bett, irgendeine Kin-

derkrankheit wahrscheinlich. Du hast mir vorgelesen, mir
Tee eingeflößt. Genaue Anweisungen von Mutter, bevor sie
zur Arbeit ging, waren vorausgegangen. Es war schön, daß Du
an meinem Bett saßt. Andererseits weiß ich noch, daß ich dabei das Gefühl hatte, du tust dies im Auftrag, stellvertretend.
Denn als meine eigentliche Pflegerin und Kümmerin sah ich
Mutter an. Sie kam am Nachmittag nach Hause, machte mir
einen Wickel, holte Tropfen aus der Apotheke, ohne entsprechende Anweisungen oder Aufforderungen von Dir.

Ich weiß nicht, ob dieses Erinnerungsfragment objektiv re-
präsentativ ist. Für mein damaliges Erleben auf jeden Fall.
Und immerhin erinnere ich mich auch deutlich Eurer leicht
angespannten Auseinandersetzungen wegen mir. Mutter for-
derte Dich oft auf, »mehr« mit mir zu tun. »Geh doch mal in
den Zoo mit ihm« und dergleichen. Im nachhinein frage ich
mich, ob für Dich damals, in den ersten Jahren, die Vaterrolle
auch nur eine Verlängerung und Stellvertretung der Mutter-
rolle war. In Mutters Augen jedenfalls war das so. Da bin ich
sicher.

Und ich sah es zunächst auch so. Allerdings augenscheinlich irgendwann mit Irritation. Denn ich erinnere mich noch
genau an das erste Highlight, das ich an Dir erlebte. Ich muß
etwa fünf Jahre alt gewesen sein. Du hattest Deine große, be-
eindruckende Werkzeugkiste aus dem Keller geholt und Dich
mit schwerem und, wie mir schien, gefährlichem Gerät an
den tropfenden Wasserhahn in der Wohnküche gemacht. Da
leuchtete eine Erkenntnis in mir auf: Das hätte Mutter nicht
gewagt! (Mutter möge dem fünfjährigen Chauvi verzeihen.)
Wohlgemerkt: Nicht einfach, daß Du es getan hast, sondern
das ungeheure Wagnis war es, was mich beeindruckte. –
Abends dann Besuch. Es muß mir viel daran gelegen haben,
die Welt an meiner neuen Erkenntnis teilhaben zu lassen. Jedenfalls hatte ich nicht vor, die Sache länger nur für mich zu
behalten, und sprach beim Abendbrot die Worte: »Ich weiß
jetzt, warum der Papa Papa heißt!« – »Oh ja? Erzähl.« – »Weil
er alles papariert!« Das ehrfürchtige Schweigen hiernach be-
stätigte mir die Tragweite meiner Horizonterweiterung über

74 die Frage, was ein Papa, im Unterschied zu einer Mama, ist. Daß Ihr Erwachsenen nur innerlich gegrient, Euch wahrscheinlich auch zugezwinkert, aber nach außen hin eine dem Ernst der Lage angemessene Fassung bewahrt habt, ist Euch noch im nachhinein hoch anzurechnen.

Jedenfalls war jetzt klar, was ich speziell an Dir hatte. Und ich fand von nun an beinahe täglich Objekte, die der Paparierung bedurften: das schief sitzende Licht an meinem Fahrrad, der abgebrochene Kamin von der Holzlok, der wackelnde Schemel.

Erst als ich elf war, tauchte die Frage auf, ob ein Vater auch noch zu etwas anderem gut war außer zum Paparieren. Anlaß war der neue Videorecorder. Fluchend und schwitzend hast Du über der Anleitung gebrütet, die Fernbedienung – verkehrt herum! – wie einen stacheligen Igel in der Hand. Mutter rief aus dem Nebenzimmer »Hol doch einen Fachmann zum Programmieren«. Du hast nicht locker gelassen – weil ich dabei war? – und vergrubst Deine Nase noch tiefer im Anleitungsheft. Dann hast Du gesagt: »Ich hol mir erst mal ein Bier«. Ich nahm die Fernbedienung in die Hand, probierte ein wenig und nach zwei Minuten funktionierte das Ding. Du hast gelacht, warst stolz. Mutter kam aus dem Nebenzimmer und sagte erleichtert zu Dir: »Hast du es geschafft?« Da war ein geheimes Einverständnis zwischen uns, an das wir oft angeknüpft haben. Aber mit meiner ursprünglichen Vaterdefinition war es nun vorbei.

Ob seitdem oder schon etwas früher, weiß ich nicht mehr: Ich hatte deutlich das Gefühl, ich müßte eine Haltung, eine klare Stellung zu Dir finden – etwas, das mir in bezug auf die Mutter damals nicht in den Sinn gekommen wäre. Sollte es so sein, daß der Sohn zum Vater aktiver ein Verhältnis suchen oder aufbauen muß als zur Mutter, die doch noch lange Zeit die selbstverständliche, unbefragte, wenn auch manchmal nervige Umgebung ist? Es war eine größere Distanz zu Dir als zu Mutter, obwohl ich sicher bin, daß Du in deiner Freizeit Dich viel mit uns Kindern beschäftigt hast. Da hat es zum Beispiel zur Nacht Deine Einschlafgeschichten gegeben. Wir

durften ein Stichwort sagen und Du hast daraus aus dem
Stand eine Geschichte gemacht. Die größere Distanz zu Dir
habe ich nicht als negativ empfunden. Du warst viel eher ein
Gegenüber als Mutter, eine Herausforderung. Heute könnte
ich spekulieren, daß sich darin etwas widerspiegelte von Deinen eigenen Empfindungen, Deiner eigenen Haltung Deinem
Sohn gegenüber. Ich meine beobachtet zu haben, daß Du Dich
meinen Schwestern gegenüber freier gefühlt hast. Ich habe es
nicht mit Eifersucht betrachtet, sondern eher als eine Art
Auszeichnung, daß Du die Vaterrolle zu mir als Deinem Sohn
bewußter gestaltet hast als zu den Schwestern. Ja, zur Pubertät hin sah ich diese Distanz sogar ausgesprochen positiv: Du
stelltest Dich als wesentlich freilassender heraus als Mutter,
die ständig am »erziehen« war, mich ständig zu irgend etwas
aufforderte, mich kritisierte und in ihre Vorstellungen einpas-
sen wollte. »Räum dein Zimmer auf. Hast du geduscht? Siehst
du schon wieder fern? Kämm dich.« Sie wollte mir immer etwas beibiegen und nahm mir doch nur meine Würde. Ich habe
es Dir hoch angerechnet, daß Du darauf verzichtet hast. (So
sah es jedenfalls aus meiner Sicht aus. Ich vermute, da Mutter
Dich in die »Erziehung« einspannen wollte, was für sie hieß,
daß Du das gleiche von mir verlangen solltest wie sie, daß ich
oft ein Zankapfel war zwischen Euch.) Da heraus ergab sich
mir eine weitere Bestimmung des Vaterbildes: Er läßt mich
frei. Er versteht, warum ich mein Zimmer nicht ständig auf-
räumen will (weil es sonst nämlich nicht mehr mein Zimmer
gewesen wäre). Er bedrängt mich nicht.

Daß man Vater auf eigene Rechnung ist und daß die Vater-
aufgabe nicht einfach eine Fortsetzung der Mutteraufgabe ist,
habe ich wieder deutlich empfunden bei Deinen liebevollen
Gesprächsangeboten zur Aufklärung. Ich war zwölf oder dreizehn, hatte die entscheidenden Seiten aus der »Bravo« her-
ausgerissen, unter meinem Bett versteckt und mich beim Einschlafen damit vergnügt. Ist es eine böswillige Unterstellung,
wenn ich heute vermute, daß Mutter Dich aufgefordert hatte,
mich »aufzuklären«? Jedenfalls: wie Du es gemacht hast –
Chapeau! Kein bißchen von den damals jedenfalls üblichen

76 »Warnungen« vor einem »Zuviel« und »Zufrüh«. Du hast einfach von Dir erzählt, wie das bei Dir war, als Du Deine Sexualität entdeckt hattest. Deine – das tat gut. Mutter machte vage etwas finstere Andeutungen über »die« Sexualität – und meinte offensichtlich ihre Vorstellungen davon. Du hast das zutreffend gesehen, daß Sexualität am Anfang immer nur die eigene ist. Du hast von Deinen ersten Versuchen erzählt, in den Illustrierten Deiner Eltern einen Blick auf Nacktfotos zu erhaschen, von Deinen ersten, etwas zwiespältigen Erfahrungen mit der Selbstbefriedigung. Das war ein weiteres Highlight, weil dieses warnende Schaudern vor der angeblich schmutzigen männlichen Sexualität, wie sie in Mutters Andeutungen waberte, in Deinen Erzählungen und unseren Gesprächen ersetzt war durch das Gefühl berechtigter, richtiger Neugier auf sich selbst als Mann. Und Du hast mir Fragen erspart. Du hast einfach nur erzählt. Es hat viele solche Momente gegeben, und ich hatte damals sehr großes Vertrauen zu Dir gefaßt, habe eine Solidarität empfunden, die mich sehr gestärkt hat. Als ich mit fünfzehn eine erste Freundin hatte und die Frage aufkam, wie aus der eigenen eine gemeinsame Sexualität werden kann, habe ich Dir von meinen Hoffnungen und Befürchtungen erzählt. Du hast nie nachgefragt, sondern mir nur zugehört. Am anderen Tag hast Du mir Kondome mitgebracht. »Probier das mal mit dir selbst aus. Es ist gut, wenn du dich damit schon mal auskennst.« Mutter hat es irgendwie mitbekommen, war entsetzt und machte Dir Vorwürfe, Du würdest mich viel zu früh zum Sex auffordern. Schließlich müßte ich ja noch lernen, auf Mädchen Rücksicht zu nehmen. Sie hatte keine Ahnung. Soviel Befürchtungen, Hemmungen und Ängste, wie ich beim ersten Mal hatte (das sich erst drei Jahre später ergab), war es andersherum: meine Freundin mußte auf mich Rücksicht nehmen. Sie war die initiative, sie führte. Ich weiß nicht, ob das bei allen Jungs so war. Aber so, wie sie angegeben haben, nehme ich an, daß sie in der gleichen Lage waren.

Was mich am meisten beeindruckt hat in dieser Zeit war, daß gerade hier nichts rüberkam von »Junge, nimm dir ein

Beispiel an mir«. Weder in diesem Zusammenhang noch in ir-
gendeinem andern hattest Du den Ehrgeiz, mir ein »Vorbild«
zu sein. Vielleicht ist das überhaupt das Schönste und Wichtigste, was Du mir geben konntest. Eine Achtung vor meinen
eigenen, wenn auch noch sehr offenen Wegen, ohne die ausge-
sprochene oder implizite Aufforderung, es doch so zu machen
wie Du.

Es hat dann, gerade im Zusammenhang mit dem Thema
Sexualität und Beziehung zu Mädchen, doch einen Knick gegeben, den ich von heute her selbst nicht so richtig verstehe,
weil Dein Verhalten mir heute eigentlich als folgerichtig und
selbstverständlich erscheint. Du hast nachgefragt, wie es mit
der damaligen Freundin weitergegangen sei. Für mich damals
war diese Nachfrage ein Fehler, ein Bruch in Deiner freilas-
senden Haltung, ein eher mutter-typisches »diplomatisches«
Nachhaken. Es tut mir heute leid, daß ich mich daraufhin Dir
gegenüber etwas verschlossen habe. Andererseits habe ich
bald dann doch wieder selbst die Anknüpfung gesucht, indem
ich Dir, zunächst in Bruchstücken und Andeutungen nur, von
mir erzählte, dem ersten Rauchen, der ersten Flasche Bier, den
ersten Motorradträumen. Es funktionierte, und ich setzte solche kleinen Hinweise bewußt ein. Ich wollte, daß Du wieder
von Dir erzählst, von Deiner Jugendzeit. Ich glaube nicht, um
mich direkt daran zu orientieren, sondern um Verständnis für
meine eigenen Erlebnisse und mein Suchen zu spüren. Sie war
wieder da, die gute Distanz zu Dir. Du hast mich freigelassen
zu mir selbst. Ich war sicher, wenn ich Dich brauchen sollte,
wärst Du da.

Andererseits gab es Themen, die ich noch als Jugendlicher
doch lieber mit Mutter besprach. Als ich mich der ersten
Pickel schämte, fragte ich sie, was man dagegen tun kann. Sie
war sehr verständnisvoll und hilfreich. Oder als ich einer
Freundin, es war die zweite, etwas zum Geburtstag schenken
wollte und keine Ahnung hatte, was. Mutter hatte gute Tips.

Aber auch das war eben gut: Ich konnte selbst wählen, was
ich mit Dir besprechen wollte, was mit Mutter. Das muß
schon früher angefangen haben: Als der Golf-Krieg begann,

muß ich etwa zehn Jahre alt gewesen sein. Bilder von auf mich kalt und bösartig wirkenden Angriffen im Fernsehen. Mutter wollte mich davor bewahren. »Schalt den Fernseher ab«, sagte sie zu Dir, wenn ich im Zimmer war. »Du kannst das doch noch ansehen, wenn der Junge im Bett ist.« Sie hatte keine Vorstellung davon, daß ich, allein in meinem Bett, mir noch größere Sorgen machte. Die Bilder, die man damals zwangsläufig mitbekommen hat, und auch die sorgenvolle Stimmung entfalteten dann ein Eigenleben, sie wucherten und uferten ins Dämonische aus, weil man nichts Genaueres wußte und erklärt bekam. Du hast das offenbar gewußt oder gespürt, und hast Dich entgegen Mutters Bedenken gezielt mit mir vor den Fernseher gesetzt, zehn Minuten nur. Wir haben die Nachrichten zusammen gesehen. Dann hast Du abgeschaltet und mir erklärt, worum es ging. So hast Du es geschafft, daß ich bald das Bild eines begrenzten Übels hatte, das nicht notwendigerweise uns alle in den Abgrund ziehen muß. Ich glaube, der Inhalt Deiner Erklärungen war weniger entscheidend (vermutlich habe ich sie auch kaum verstanden), als vielmehr die Tatsache, daß Du mich erwürdigt hast – ja, es war eine Würde für den Zehnjährigen, auch wenn das heute etwas belustigend klingt –, mich einzuweihen in die Hintergründe der Weltereignisse. Und jetzt wucherte beim Einschlafen nichts mehr.

Ein Aspekt bei diesen wie bei anderen Gesprächen, über den Du Dir selbst wahrscheinlich gar nicht bewußt warst, hat mich sehr geprägt: Ohne über Gefühle zu reden, wie Mutter es immer tat, hast Du bei solchen Gesprächen aus dem Gefühl gesprochen: aus der Trauer über den Tod unschuldiger Menschen, aus Deiner persönlichen Not und Hilflosigkeit an den Kriegsereignissen, aus Deiner Wut auch über Kollegen, die den Krieg hochjubelten, später auch aus Deiner Erleichterung, als es vorbei war. In solchen Gesprächen warst Du mir (obwohl, wie gesagt, immer eher ein Gegenüber als ein Mensch zum Sich-Fallenlassen) so umfangreich präsent, ein eigener Mensch, mein Vater! (Daß Mutter auch ein eigener Mensch ist – sie möge mir das vergeben –, ist mir erst, als ich auszog, ins Bewußtsein gekommen.)

Diese Gespräche anläßlich des Golfkrieges führten dazu,
daß ich Dich als Gesprächspartner wählte, wenn es darum
ging, daß ich etwas bedrohlich fand, das Treiben der Neo-Na-
zis zum Beispiel, Naturkatastrophen irgendwo in der Welt.
Wahrscheinlich tat ich Mutter unrecht. Sie hätte mich wohl
ebenso beruhigen können. Aber ich suchte diese Stärkung
eben an Dir, dem Paparierer, dem Mann.

Schließlich das weitere Highlight, als ich siebzehn war.
Ich wollte Schreiner werden, machte Praktika in Tischle-
reien. Jetzt war es an Dir, mich zu fragen, ob ich Dir bei der
einen oder anderen Paparierung helfen konnte. Bald hast Du
es mir überlassen, die schrammende Tür abzuhobeln, den
neuen Zaun aufzuziehen. Stolz hast Du es überall erzählt,
daß Dein Sohn ein begabter Tischler ist. Und dann dies: Du
wolltest von mir Näheres über Hölzer und ihre Verarbeitung
hören. Ein mich tief berührendes Bild: Vater möchte etwas
von mir lernen.

Keine Furcht, Alter. Uns Männern wird ja ungemütlich,
wenn es ins Sentimentale geht. Deshalb und damit Du nicht
größenwahnsinnig wirst, füge ich dies noch an: Es gab nicht
nur befriedigende Erlebnisse und Highlights an Dir. Oft habe
ich mich geärgert, war enttäuscht. Meist dann, wenn Du Dich
doch dazu hinreißen ließest (durch Dich selbst oder weil Mutter Dich drängte?), mir etwas beizubiegen, oder, noch schlimmer, wenn Du offensichtlich nicht zu mir standest. In meiner
kurzen Punkerphase wollte ich mir einen Ring durch die Un-
terlippe ziehen lassen. Dein aufgeregt vorgebrachtes Argu-
ment: »So können wir Dich doch nirgendhin mitnehmen«
war blöd. Wohin mitnehmen? Zu den auflackierten Kollegen
aus der Bank, über die Du Dich selbst oft genug lustig gemacht
hast? Du würdest Dich meiner schämen, hieß das. Wenn ich
das aus auch heutiger Sicht eher als Bagatelle sehe, hat es
mich damals doch sehr getroffen.

Oder als ich mal sitzen blieb. Du warst offensichtlich persönlich beleidigt und hast Dich eine Zeit lang deutlich
zurückgezogen. Das war überflüssig und übertrieben, Alter-
chen. So weit ging Dein Freilassen zu meinen eigenen Wegen

dann doch nicht. Auch das war für Dich offenbar so eine Art Schande. Wir konnten nicht darüber reden. Deshalb hier im Nachtrag: Ich wollte in die Klasse meiner neuen Freundin, die eine Stufe unter mir war. Außerdem nervten mich die Lehrer in meiner Klasse. Aus meiner Sicht habe ich das Sitzenbleiben gewählt. Du hast es als Versagen gesehen.

Trotzdem, wenn ich mit meiner eigenen Vaterrolle meinem Sohn gegenüber einmal nicht klarkomme, könnte es sein, daß ich Dich dann frage, wie Du das damals gemacht hast.

– Ihr Brief an den Vater hat mich sehr berührt. Nicht nur in seiner zärtlich-sachlichen Diktion, die einen mühelosen Einstieg in eigene Sohnerlebnisse möglich macht, sondern auch im milden Umgang mit dem Versagen als Vater und der Ermutigung, die kleinen, eigenen Versuche als gültig erleben zu dürfen. Sie haben damit auch meine Frage über das schlechte Abschneiden der Mütter beantwortet: In einem Männerbuch darf den Müttern einseitig gezeigt werden, wo sie sich aus dem Leben der Jungs rauszuhalten haben, und die Väter müssen ermuntert werden, sich auf die beschriebene Art als Mann gegenwärtig zu machen.
– *Ich finde, Sie sollten Ihre Aufsätze über Jungenpädagogik doch in das Buch hereinnehmen. Der Blick auf den sich entwickelnden Mann ist wichtig und entspricht der Linie, die sich aus den bisherigen Beiträgen ergibt.*
– Dann müßten sie aber stilistisch noch einmal durchgearbeitet werden.

Hemingway –
oder wie sich der Männlichkeitsmythos selbst erledigt

Nachdem der Torero den Stier bis zur Raserei gereizt, seine List und seinen Mut gegen dessen Urkraft ausgespielt und ihn bis zur Erschöpfung immer wieder gelockt und ins Leere hat laufen lassen, stößt er ihm den Degen zwischen den Schulterblättern hindurch in den Leib. Es ist der »Augenblick der Wahrheit«, den Hemingway in »Tod am Nachmittag« legendär beschrieben hat. Der Stier verendet. Der Torero wird gefeiert. Als Trophäe werden ihm die Hoden des besiegten Tieres übergeben.

Was genau kommt hier in seine Wahrheit? – Gerade am mißlingenden Beispiel kann erkennbar werden, worin Gelingen bestehen würde. In diesem Sinn sei hier zunächst daran erinnert, wie der amerikanische Schriftsteller Ernest Hemingway den Mythos des maskulinen Helden bediente, bis er, von den Einseitigkeiten und Widersprüchlichkeiten dieser Rolle selbst in die Enge getrieben, als besoffener Angeber endete. In solchem Scheitern eines Mannes an sich selbst mag sich ein Bild abzeichnen, worin dieser »Augenblick der Wahrheit« bestehen könnte.

Bekannt ist – und heute schon ein leicht belächelter Mythos –, wieHemingway sowohl in seinen Werken wie in seinem persönlichen Leben Männlichkeit überdrehte. Der Mann ist bei Hemingway zunächst immer ein Held, der gern mal wieder irgend etwas oder irgend jemanden besiegt. Der Stierkämpfer erledigt den Stier, der alte Mann den majestätischen Fisch, der republikanische Soldat den Faschisten, der Großwildjäger den Löwen, den Büffel, den Bären und das Nashorn auch noch. Der spanische Bürgerkrieg, Großwildjagden in Afrika, der einsame Fischzug sind dabei immer nur Folien für den Beweis von Männlichkeit in immer neuen Bewährungsproben.

Von dieser Art Männlichkeit scheint nur eines sicher: Sie muß enorm anstrengend sein, und irgendwie leidet sie an sich

82   selbst, verzehrt sich selbst. Der Held ist immer ein gebroche-
ner Held. Er muß schwere Niederlagen einstecken. Mit einer
Flasche Whisky in der Hand gelingt ihm das für den Moment
auch. Es ist aber immer eine Stimmung von Verunsicherung
und Hilflosigkeit um den Helden, besonders wenn er mit sich
und seinem Sieg allein ist.

So hart, klar und lapidar seine Rolle ist, so wenig ist er sich
seiner selbst sicher. Da gibt es also Ungereimtheiten, Wider-
sprüche in dieser Art Maskulinität. Und diese Widersprüchlichkeit gerät ins Rätselhafte, wenn wir hinzunehmen, daß
dieser Held – wie auch Hemingway persönlich – eine gewisse
Beruhigung und Sicherheit erfährt, wenn Frauen trostreich in
seiner Nähe sind. Gemeint sind hier nicht die Frauen, die ihn
bloß anhimmeln, sondern Frauen, denen er seine Innenseite
zeigt und zumutet: eine Innenseite voller Selbstzweifel, Ängsten und – mit zunehmendem Alter – Depressionen. Ist es
nicht erstaunlich, daß der maskuline Held Frauen seine fragile
und selbst-unsichere Innenseite zeigt? Warum zeigt der an-
gestrengte Held seine Innenseite nicht anderen Männern? Er
könnte ja davon ausgehen, daß gerade andere Helden ihn gut
verstehen würden, aus eigenem Erleben. Aber der Held fühlt
sich mit seiner brüchigen Seite gerade von Frauen, wenn überhaupt, am besten verstanden.

Hierin könnte zunächst erneut zum Ausdruck kommen,
worauf wir hier schon öfter gestoßen sind: Männlichkeit – und
vielleicht besonders jene überdrehte Variante – bezieht sich
mehr auf Weiblichkeit, als sich Weiblichkeit auf Männlichkeit
bezieht. Männlichkeit ist sich an sich selbst nicht gewiß genug.
Sie gründet sich nicht in der gleichen Weise auf sich selbst, wie
sich Weiblichkeit durch das Privileg ihrer biologischen Möglichkeit, Leben zu empfangen und weiterzugeben, auf sich
selbst gründen kann. Männlichkeit scheint ein von vornherein
vor allem dem Mann selbst höchst fraglicher Zustand.

Man kann darüber Witze machen oder den Mann bedau-
ern. Aber vielleicht bedeutet jene im Mann-Sein eingebaute
Unsicherheit über die eigene Geschlechtsidentität auch, daß
es da um einen Weg gehen könnte, der offener, unbestimmter

ist als der Weg einer Frau, der immerhin über durch biologische Tatsachen und Rhythmen gesicherte, absehbare und elementar erlebbare Stationen verfügt. Weibliche Emanzipation
dürfte außer der Befreiung von sozialen Benachteiligungen vor
allem auch Emanzipation von der einseitigen Festlegung auf
eben diese biologischen Tatsachen und Rhythmen sein. Ein
weiblicher Entwicklungsweg dürfte also von der Reduzierung
auf etwas befreien, das andererseits gewiß bleibt. Nicht so
männliche Emanzipation. Diese ist vielmehr zirkulär. Denn
Männlichkeit gründet sich nicht vergleichbar auf Biologi-
sches, sondern entsteht erst im sozialen Raum. Widerspricht
ein Mann zum Beispiel seiner »männlichen Gewaltbereit-
schaft«, dann entspricht er andererseits sogleich einem anderen Aspekt der ungereimten Männerrolle: Er ist dann der »Softie«. Insofern bleibt Männlichkeit auch da in sich gefangen,
wo sie sich von einseitigen Auswüchsen der Männerrolle zu
befreien sucht. Männlichkeit hat in sich keinen archimedischen Punkt.

So liegt es nahe, daß sie diesen dort sucht, von woher sie
gerne definiert wird und wo man eine ganz seltsame Iden-
titätsgewißheit spürt: bei Frauen. Man kann es beklagen, daß
die männliche Geschlechtsrolle des Sohnes von vornherein
zwischen Mutter und Vater strittig ist und daß im Zweifels-
falle die Mutter die Definitionsoberhoheit gewinnt. Interes-
santer ist aber die Frage, wieso Männer dann auch noch als Erwachsene sich das nicht nur gefallen lassen, sondern es, wie
Hemingway, geradezu aufsuchen.

Und vertrackter wird die Angelegenheit noch dadurch, daß
Rollenzuschreibungen von der weiblichen Seite her nicht nur
vielschichtig und widersprüchlich sind, sondern daß sie das
Männliche in bezug auf sich, das Weibliche, auf dem Hintergrund eigener Erwartungen, Bedürfnisse und Befürchtungen
definieren.

Nehmen wir als Beispiel, da wir ja gerade bei Hemingway
sind, jenen haarsträubenden Brief, den ihm seine Mutter als
jungem Mann schrieb, als er gerade das Elternhaus verlassen
und erste – noch erfolglose – Versuche gemacht hatte, sich als

84   Schriftsteller zu profilieren. Sie, die dem kleinen Ernest bis zu seinem dritten Lebensjahr Mädchenkleider anzog und ihm Blumenhäubchen auf den mädchenhaft langhaarigen Kopf setzte, schreibt:

»Mein Sohn Ernest, komm zu Dir selbst, hör auf mit Deiner unnützen Herumlungerei und Vergnügungssucht … Hör auf, allen und jedem auf der Tasche zu liegen, mach Schluß damit, Dein gutaussehendes Gesicht allein dazu zu verwenden, kleine, leichtgläubige Mädchen zu beeindrucken, und hör auf, Deine Pflichten gegenüber Gott und Deinem Erlöser Jesus Christus zu vernachlässigen. Mit anderen Worten, werde ein Mann, andernfalls hast Du nichts anderes zu erwarten als Bankrott. Du hast Dein Konto überzogen, es braucht neue Einlagen, inzwischen kräftige, in Form von Dankbarkeit und Anerkennung, Interesse an den Ideen und Angelegenheiten Deiner Mutter, kleine Erledigungen für zu Hause, das Verlangen, Mutters kleine Vorurteile zu akzeptieren, auf keinen Fall ihren Frieden stören, Blumen, Fruchtbonbons oder etwas zu nehmen, das mit einem Kuß und einer Umarmung zu Mutter nach Hause gebracht wird, ein ehrliches Interesse daran, sie singen oder Klavier spielen oder ihre Lieblingsgeschichten erzählen zu hören – das heimliche Bezahlen von Rechnungen, einfach, um Mutter damit nicht zu belasten. Diese Welt, die Deine Welt ist, schreit nach Männern, wahren Männern mit Saft und Kraft, sowohl im moralischen als auch im physischen Sinne, Männern, deren Mütter zu ihnen aufsehen können, anstatt beschämt den Kopf hängen zu lassen, weil sie sie geboren haben. Reinheit der Sprache und des Lebens sind Dir von frühester Kindheit an beigebracht worden. Du stammst von einer Rasse von Gentlemen ab, Männern, die es verschmähen, irgend etwas von jemandem zu nehmen, ohne ein gleiches zu bieten. Männern, die sich gepflegt ausdrücken und den Frauen gegenüber Kavaliere sind, dankbar und großzügig. Du wurdest nach den beiden feinsten und edelsten Gentlemen, die ich je gekannt habe, genannt. Sieh zu, daß Du die Erinnerung an sie nicht schändest. Komme nicht zurück, bevor Du nicht gelernt hast, die Mutter nicht zu beleidigen und zu beschämen. Wenn Du Deine Vorstellungen und Ziele im Leben geändert hast, wirst Du Deine Mutter finden, wie sie Dich willkommen heißt, sei es in dieser Welt oder in der nächsten – die Dich liebt und sich nach Deiner Liebe sehnt. Der Herr wache über Dich und mich, während wir voneinander getrennt sind. Deine immer noch hoffende und betende Muter – Grace Hall.«

Sehen wir von den Widersprüchlichkeiten ab und auch von den inzestuösen Phantasien, die der Brief sowohl aufruft wie zurückweist, so wird an diesem Brief karikaturhaft deutlich, wem das – widersprüchliche – männliche Rollenbild von Nutzen sein soll: der Mutter, der Frau. Die Botschaft ist: Männlichkeit kann sich nicht auf sich selbst gründen, sondern soll sich auf die Mutter und Frau, auf ihre Erwartungen beziehen. Fragen und Nöte, die diese männliche Rolle ihrem angestrengten Inhaber aufwerfen mag, können folglich nur an die Adresse der Frau gerichtet werden. Nur die Frau kann ihn verstehen. So mutet Hemingway später seinen Ehefrauen zu, die ihn als strahlenden, selbstbewußten Helden und Sieger kennengelernt hatten, ihn als verzweifelten, betrunkenen, von Ängsten geplagten Wicht zu erleben. Immer ist die Frau der Bezugspunkt, die Trösterin und Quelle erneut erhoffter Selbstsicherheit. Sie ist dem Helden nahe, niemals ein Mann. Auch im Handwerklichen fühlte er sich von einer Frau, Annemarie Horschitz-Horst, seiner deutschen Übersetzerin und kurzzeitig Geliebten, am besten verstanden: »Sie war die beste Übersetzerin, die ich je in irgendeiner Sprache gehabt habe« (Brief an E. Rowohlt, 18.12.1946). Sie hat seinen schon im englischen Original knappen Stil kongenial ins Deutsche übertragen und damit wesentlich zu seinem Ruhm im deutschsprachigen Raum beigetragen. Und Mutters Brief läßt ja nachvollziehen, wieso er zur berühmten Kürze seiner Sätze Zuflucht nahm.

Ohne eine Frau in seiner Nähe, räumlich oder als verständnisvolle Freundin jederzeit verfügbar, fühlte er sich hilflos und trank.

Daß diese Nähe zur Frau für den maskulinen Helden mit der brüchigen Innenseite aber keine Lösung ist, zeigt sich daran, daß er ständig besorgt sein muß, in eben dieser Nähe zum weiblichen Geschlecht ertappt zu werden. Nichts fürchtet der harte Bursche mehr als den Weiblichkeitsverdacht. Homosexuelle Männer verabscheut er, läßt sich aber faszinieren von lesbischen Frauen. Während erstere Männlichkeit in Frage stellen, fordern letztere ihn in seiner Männlichkeit entspannenderweise nicht heraus. Gerade angesichts der Abhängigkeit männlicher Selbstdefinition von Frauen muß der maskuline Held seine Männlichkeit immer wieder betonen und zuspitzen. Er wird dann bekanntlich entweder lächerlich oder gewalttätig – gerade in Situationen, wo er meint, deswegen besonders eindeutig männlich sein zu müssen, weil er bei »unmännlicher« Nähe zur Weiblichkeit überrascht wurde.

Hemingway hat den Mythos, den er sein Leben lang zu bedienen suchte, selbst erledigt. Er brachte sich um. Der Mythos ging an sich selbst zugrunde, als Hemingway aufgrund seines Alters und seines Alkoholismus privat und als Schriftsteller mit der Rolle endgültig überfordert war.

Ist dies der »Augenblick der Wahrheit«? Das unrühmliche Ende einer Art Theatervorstellung? – Gehen wir noch einmal zum Stierkampf zurück. Der siegreiche Torero erhält als Zeichen seines Sieges die Hoden des getöteten Stiers. Er hat ihn entmannt also. Auf einmal ist der Stier entmännlicht. Dies als Ergebnis des Heldenkampfes?

Trotz seiner Verachtung Homosexuellen gegenüber war Hemingway insgeheim fasziniert von männlicher Weiblichkeit. Er hat ein einfühlsames Porträt eines homosexuellen Toreros geschrieben. Er hat im Zusammensein mit Frauen vorzugsweise die weibliche Rolle eingenommen, bis hin zur Bekleidung. Dies braucht ihn nicht zu entlarven, sondern könnte als Hinweis genommen werden darauf, daß er untergründig ein Gefühl dafür hatte, worin der »Augenblick der Wahrheit« tatsächlich bestehen könnte: Der Mann könnte der Transzendierung der Geschlechtsrollenpolarität näher sein als die Frau. Männliche Emanzipation – im realen Leben war nie ein Mann weiter davon entfernt als Hemingway –

könnte im Verlassen, im Verzicht auf eine männliche Rolle
liegen, die auf Weiblichkeit bezogen und von ihr abhängig ist,
und sei es auch nur im Sinne der Abgrenzung. Denn die von
daher sich definierende Rolle könnte in gewisser Weise unwahr, unecht, zumindest einseitig sein. In der Überschreitung der Geschlechtsrollenpolarität könnte die männliche
Autonomie, die dem Manne ja schon jetzt nachgesagt wird,
eine ganz andere Dimension gewinnen. Eine solche Männlichkeit müßte sich auch nicht mehr beweisen, eben weil sie
sich unabhängig gemacht hätte. Frauenzeitschriften, die immer so viel Wert auf die Polarität der Geschlechter legen, auf
ihre gegenseitige Bezogenheit, bräuchten Männlichkeit nicht
mehr zugleich einzufordern und zu beklagen. Und es wäre
dann überflüssig, daß Männer die Zeitschriften ihrer Frauen
heimlich lesen, um zu erfahren, was ihre Frauen von ihnen
erwarten. Sie könnten anfangen, selbst etwas von sich zu erwarten.

Männliche und weibliche Geschlechtsidentität müssen
nicht notwendigerweise als polar sich gegenüberstehend aufgefaßt werden. Da es für Männer offenbar nicht einen im Geschlecht selbst liegenden Bezugspunkt der Identität gibt, wie
es bei Frauen der Fall ist, haben sie die Chance, aus der Polarität überhaupt auszusteigen. Es könnte sein, daß die größere
Nähe des Mannes zu physischer Gewalt sich dadurch noch
ganz anders erübrigt, als Selbsterfahrungsgruppen von in Zer-
knirschung und Selbstmitleid eingeweichten Männern sich
das hätten träumen lassen. Denn Gewalt als die primitivste
Abgrenzungsgeste könnte gegenstandslos werden, wenn man
die Distanz zum Gegenpol sich nicht ständig beweisen muß.
Die Distanz zur Polarität selbst wäre die Aufgabe. Jenseits
feministischer Argumentation darüber, daß es frauenfeind-
lich ist, »man« zu sagen und den Menschen zu meinen,
könnte hier die Sprache doch auch etwas von der Zukunft
enthalten. Daß die bedenkenlose Verwendung von »man« für
»Frau und Mann«, »alle«, »Mensch«, repressive Verhältnisse
widerspiegelt, muß nicht bestritten werden. Aber für ein genaueres Gehör könnte die in vielen Sprachen auftretende Ver-

wandtschaft des Wortes für »Mann« mit dem Wort für »Mensch« einen Hinweis auf das hier Gemeinte enthalten. Diese Verwandtschaft könnte ein Urwissen davon widerspiegeln, daß dem Manne potentiell die Transzendierung der Geschlechtsrollenpolarität näher ist als der Frau. Daß er in seinem alltäglichen männlichen Selbstbild nichts davon weiß und – vor allem – nichts davon wissen will, muß diesem Gesichtspunkt nicht widersprechen, sondern belegt zunächst nur seine Befangenheit in dem Versuch, eine der weiblichen doch irgendwie entsprechende Geschlechtsrollensicherheit zu finden.

In Hemingway kommt diese Skurrilität des klassischen Männerbildes auf den Punkt. Aber diese Situation enthält möglicherweise die Chance, den archimedischen Punkt doch noch zu finden. Falls es ihn gibt, liegt er sicher in weiter Zukunft, und er liegt sicher außerhalb der engen traditionellen männlichen Geschlechtsrollen. Oder es wird sich herausstellen, daß Männer eine ganz neue Form von Selbstgewißheit entdecken eben da heraus, daß es diesen archimedischen Punkt vielleicht gar nicht gibt.

– Der Hemingway-Text sollte eine zentrale Stellung in dem Buch einnehmen. Das klassische Männerbild wird in seiner Widersprüchlichkeit sichtbar, ohne denunziert zu werden. Obwohl der Text provozierende Thesen enthält, beteiligt er sich auf wohltuende Weise nicht an den auch unter Intellektuellen verbreiteten verbalen Geschlechterkampfspielen.
– *Haben Sie etwas herausbekommen können über den Mythos des ausgesetzten Kindes?*
– Nein, tut mir leid.
– *Ich habe bei Otto Rank ein paar Hinweise zu dem ausgesetzten Knaben gefunden, aber – wie so oft – den entscheidenden Punkt zur*

Auseinandersetzung mit der Männlichkeit **89**
vergeblich gesucht. Was halten Sie von
folgendem Versuch?

· ·

Jemand muß den Helden retten

Gehen Sie als Mann doch einmal in einen Body-and-Beauty-Shop und fragen Sie nach Körperölen für sich. Die auflackierte Verkäuferin wird ihr Bestes geben, nicht loszuprusten. Und dezent wird sie ihrer Kollegin zuzwinkern. Sie wird Sie in eine hintere Ecke führen, wo die Öle und Lotions stehen, die »auch« Männer anwenden können ...

Der ausgesetzte Knabe

So etwa muß der kleine Moses sich gefühlt haben – auch die Säuglinge Perseus, Herakles, Gilgamesch wie auch Sargon von Agade, der späterhin Babylon gründete –: ausgesetzt, hilflos, in einem fremden, ja feindlichen Element. Denn diese und andere später als Helden, als Retter, Gründer, als Männer großer politischer oder kriegerischer Taten Hervorgetretene begannen ihre Laufbahn hienieden mit schlechten Karten. Die Rede ist vom »Mythos von der Geburt des Helden«. Der Psychoanalytiker Otto Rank hat die Geburts- und Herkunftsmythen großer Männergestalten der Geschichte zusammengetragen, ihre Varianten verglichen und ein einheitliches Grundmuster herausgearbeitet (Rank, 1922): Von vornehmer Herkunft meist, wird dem späteren Helden schon im Mutterleib Ungemach vorverkündigt (wie wir gleich sehen werden: zu Recht). Ein gewaltiges Unheil erwartet ihn, für Leib und Leben droht ihm Gefahr – oft übrigens durch den Vater. Dem zu entgehen, wird er – von Frauen meist – in einer Muschelschale etwa, einem Körbchen oder Kästchen einem Fluß oder gleich dem offenen Meer übergeben. Fremde – in manchen Varianten des Mythos auch Tiere –, manchmal einfache Leute, öfter Menschen hoher Herkunft, finden ihn im Schilf, am Ufer. Sie erretten ihn aus dem ihm feindlichen Element. Von auswärts stammend wächst er als Fremdling in den Kreisen seiner Retter auf, bald schon ein Volksführer, ein Feldherr und gelangt zu Größe und Ruhm. Ohne nun Otto Ranks Verdienst um diesen Mythos und seine Interpretation zu schmälern – Rank sieht darin einen Geburtsmythos –, fassen wir hier einen Aspekt dieses Mythos ins Auge, den Rank nicht einmal erwähnt – obwohl er doch so offensichtlich ist: Das so ausgesetzte und gerettete Kind ist immer ein Knabe. Der spätere Held immer ein Mann.

Der hilflose Held

Sagt uns dieser Mythos nun auch etwas über »den« Mann oder eben nur über jene konkreten Individualitäten, welche damals trotz widriger Herkunftsumstände zu glorreichen Heldentaten aufstiegen? – Nähmen wir den allen Varianten des Mythos gemeinsamen Kern als realen Bericht, so dürften wir uns wundern: Ein Kind in einem Körbchen ins große Wasser auszusetzen, um es vor dunkler Gefahr zu bewahren, erscheint uns kaum als gedeihliche Form der Fürsorge. Der arme Knabe kommt ja vom Regen in die Traufe. Man hat nicht das Gefühl, daß es sich hier um eine gute Idee handelt. Jemand – ein Herrscher, sein Vater oft – droht, ihm ans Leben zu gehen (warum eigentlich?), und nun soll die Aussetzung des zarten Säuglings an die Urmacht des Wassers ihn retten? Das soll heute mal einer machen – er wäre wegen Kindesmißhandlung dran. Fern der Heimat, ausgeliefert den Fluten, und wie soll er eigentlich Bäuerchen machen? Diese Situation läßt sich nur mit Mühe als »Rettung« ansprechen.

Bleiben wir zunächst bei diesem ersten Teil des Mythos. Was hat den armen Jungen eigentlich bedroht? Ein Mann! Männlichkeit! Die geweissagte Bedrohung, die mehr oder weniger direkt immer eine Todesdrohung ist, geht von einem Mann aus. Da scheint der Mythos also zu sagen: »Weil

du, mein Knäblein, männlich werden wirst, deshalb bist du
bedroht. Die Bedrohung für Leib und Leben kommt dir aus
deinem künftigen Mann-Sein selbst.« Das verspricht nichts
Gutes.

Solches Unheil abzuwenden wird er also dem Wasser übergeben. Immerhin ist das Wasser ein Symbol des Lebens, des
Lebendigen überhaupt. Müßte also theoretisch helfen. Aber
eben nur theoretisch. Denn was sollte er damit anfangen, da
im Körbchen? Wie es nutzen? Die Hände sind ihm gebunden.
Er ist ausgeliefert an das Urelement des Lebendigen. Doch
bleibt es ihm fremd, unzugänglich.

Und dann der zweite Teil des Mythos. Noch so eine merkwürdige Rettung: Fremde finden ihn. Gut, damit ist sein
schieres Überleben gesichert. Aber jetzt wächst er als Fremdling auf, wiederum in einem ihm eigentlich fremden Element.
Man könnte auf die Idee kommen, daß schon darin, daß er solche Unbill übersteht, sein Heldentum liegt.

Aber dann der Höhepunkt des Mythos: Eben weil er seiner
Umgebung fremd ist, weil er das Signum des anderen trägt,
kann er die Freiheit und den Mut aufbringen, Menschen, ja
ganze Völker zu mobilisieren, neu zu ordnen und zu politi-
schen Höchsttaten hinzuführen. Insofern – und das können
wir nur auf den ersten Blick für eine Art Happy-End halten –
hat er seine frühe Ausgesetztheit und Fremdheit ins Positive
und Konstruktive gewendet.

Der Psychologe würde den Zusammenhang so denken:
Aus dem Erlebnis der Ausgesetztheit und Fremdheit heraus
vollbringt er kompensierend hohe Taten, kann er mit Traditionen brechen und neue Ordnungen setzen. Einfacher gesagt:
Er hatte es nötig. Denn bevor er zum Helden wurde, geschah
nur etwas an ihm – Aussetzung, Rettung und die Fürsorge
durch die Fremden. Der Knabe im Körbchen auf den Fluten –
ein Inbild hilfloser Passivität. – Schön, daß er es später wieder
wettmacht.

Aber da Psychologie nicht alles ist, gehen wir jetzt einen
Schritt weiter. Sehen wir von den konkreten historischen Persönlichkeiten ab, von denen die Mythen erzählen, und fassen
wir die Tatsache ins Auge, daß es sich unverkennbar durch-
weg um Männer handelt. Der Mythos scheint also etwas über
Männlichkeit überhaupt zu erzählen. Er spricht offenbar ganz
grundsätzlich über die Bedrohtheit, Hilflosigkeit und Fragilität des Männlichen. Männlichkeit erscheint insofern als an
sich selbst gefährdete Lebensweise – das liegt ja auch schon in
der Weissagung über den noch Ungeborenen. In dieser Schicht
scheint uns die Weissagung real. Da können wir trockene Sta-
tistik heranziehen, um zu belegen, daß Männlichkeit eine
hochriskante Lebensform ist.

Fangen wir bei der Physis an. Männer sind im Durchschnitt schon konstitutionell labiler als Frauen. Bei den chro-
nisch Kranken finden wir doppelt so viele Männer wie Frauen.
Zwei Drittel aller Notfallpatienten sind Männer. Sie erleiden
fünfmal häufiger als Frauen einen Herzinfarkt. Sie sterben
dreimal häufiger bei Verkehrsunfällen. Und bekanntlich treten schon bei Jungs die meisten Formen körperlicher und geistiger Entwicklungsverzögerung bis zu zehnmal häufiger auf
als bei Mädchen. Zwei Drittel der Klassenwiederholer sind
Jungs – und so geht es fort.

Und schauen wir uns an, wie Männer mit sich selbst umgehen: Im Gegensatz zu Frauen nehmen sie körperliche Warn-
signale bei sich nicht ernst; sie sind kaum in der Lage, sich zu
entspannen. Körperpflege, die über das schiere Saubermachen
hinausgeht, und medizinische Vorsorge gilt ihnen als überflüssig und unmännlich. Im Beruf setzen sie sich körperlichen Gefahren aus. Und sie gehen häufiger als Frauen Risiken ein, auch
im Straßenverkehr. Sie haben eine geringe Bereitschaft, Hilfe
in Anspruch zu nehmen. Männer ziehen nur selten und erst
spät die Möglichkeit in Betracht, in ausweglosen Situationen
aufzugeben. Drei Viertel der Selbstmörder sind Männer. Das
Verhältnis männlicher Straftäter zu weiblichen beträgt 25:1.

Mann-Sein bedeutet also größere Anfälligkeit. Es macht krank und ist gefährlich. Manche Männer zelebrieren diese Gefährlichkeit des traditionellen Mann-Seins geradezu, denn das Credo heißt: »Je mehr Schmerzen ich wegstecken kann, je mehr Alkohol ich vertrage, je schneller ich in die Kurve zu rasen mich getraue, je weniger Schlaf ich benötige, je weniger ich um Hilfe bitte, je mehr ich meine Gefühle im Griff habe, je weniger ich auf meinen Körper achte – umso männlicher bin ich.« Mit anderen Worten: Jeder Mann ist ein Held! Er kompensiert oder ignoriert die existentielle Bedrohtheit, die zu seiner männlichen Konstitution gehört. »Männlich« ist man immer trotz etwas oder unter Mißachtung von etwas. Wie der spätere Held das Ausgesetzt-Sein im Wasser überstehen mußte, hat Männlichkeit immer etwas mit widrigen Umständen zu tun, die der Mann entweder sofort oder zumindest bald möglichst anpackt, bekämpft und beseitigt – falls sie nicht in ihm selbst liegen. Es gibt eine latent stets lauernde Angst des Mannes vor sich selbst als Mann. – Gibt es etwas Entsprechendes bei Frauen?

Das Männliche als Art Störfall

In den ersten Wochen nach der Zeugung ist jeder Mensch zunächst auf das Weibliche hin angelegt. Dieser lapidaren Tatsache sollten wir noch einmal ins Auge blicken. Genetisch beginnen wir alle mit zwei X-Chromosomen. Und wenn nichts dazwischen kommt, bleibt es auch dabei und die Frucht entwickelt sich weiblich. In etwas mehr als der Hälfte der Fälle kommt in der sechsten Woche dann aber doch etwas dazwischen: Ein Y-Chromosom kommt hinzu und deaktiviert eines der X-Chromosomen. Daraus wird dann ein Junge. Wenn man jetzt gemein sein wollte, könnte man sagen, das Y-Chromosom stört die ursprünglich vorgesehene Entwicklung, die eben aufs Weibliche angelegt ist. Das männliche Geschlecht entwickelt sich gegen das ursprünglich Weibliche. Schon das verheißt nichts Gutes. Die Weissagung!

Natürlich kann man es auch schöner sehen und sagen: Das Männliche ist eine Weiterentwicklung des Weiblichen. Aber so schön ist diese Sicht auch nicht, eben weil, wie oben skizziert, diese Weiterentwicklung höchst fragil und unvollkommen bleibt. Irgendwie tritt sie in einer Weise in Erscheinung, die wir nur ungern als ausgereift bezeichnen würden. Dem Männlichen haftet eben etwas Reparaturbedürftiges an, es ist immer noch entwicklungsfähig. Das wiederum ist schön. Aber was machen Männer daraus? – Siehe oben.

Also Eva war zuerst da. Das ursprüngliche Programm heißt Weiblichkeit. Das Weibliche erscheint somit dem Männlichen vorgeordnet. Es ist die grundlegendere, dem Lebendigen nähere Lebensform. Und wenn bereits biologisch Männlichkeit in Abgrenzung zum Weiblichen entsteht (und eben keinesfalls parallel zu dieser), so setzt sich dieser Grundgestus fort beim kleinen Jungen, beim großen Jungen, beim erwachsenen Mann: Männlichkeit bestimmt sich in Abgrenzung zu Weiblichkeit. Das Umgekehrte aber geschieht gar nicht. Jungs müssen in ihrer psychosexuellen Entwicklung wiederholen, womit sie biologisch angefangen haben: Abgrenzung von der Frau.

Möglichst nicht Gefühle zeigen – denn das wäre weiblich. Bloß mit der eigenen Körperlichkeit nicht fürsorglich umgehen – das machen nur Waschweiber. Keinen Risiken aus dem Weg gehen – das machen nur Mädchen und Weicheier. Ein Mann darf die eigene Wertigkeit nicht aus sich heraus fühlen – Frauen mögen sich damit beschäftigen. Er kann seine Wertigkeit nur aus Leistung, Status und Geld herleiten – von außen. Der Held vollbringt große Taten – draußen in der Welt, in der Fremde, aber bloß nicht an sich selbst. Körperkontakte, Zärtlichkeit gar unter Jungs und unter Männern, wie sie unter Mädchen und zwischen Frauen selbstverständlich zum Repertoire ihrer sozialen und kommunikativen Fähigkeiten gehören, sind tabuisiert. Ein Mann beschäftigt sich nicht mit seinem Innenleben – Frauen mögen für solchen Spuk Zeit haben.

Wir sehen auch hier wieder: Männlichkeit ist nicht eine zu Weiblichkeit polare Lebensform. Sondern das Männliche

kommt hinzu. Es muß sich ständig abgrenzen von der Sphäre
des Weiblichen. Männlichkeit existiert eigentlich gar nicht,
nicht aus sich heraus. Der Gegenpol zur Weiblichkeit ist der
Tod, nicht aber Männlichkeit. Und das ist das Dilemma für
den Mann.

Je mehr ich mich als Junge oder als Mann vom Weiblichen
abgrenze, um so näher komme ich der Sphäre des Todes. Aus
dieser Spannung heraus werden große Heldentaten vollbracht,
hochriskante Entscheidungen getroffen und wagemutig ge-
fährliche Wege gegangen. Der Held ist immer ein Held gegen
sich selbst, auf eigene Kosten. Wie kann er das Dilemma auflösen?

Wie kann der Held sich retten?

Wie kann der Held sich aus dem Dilemma retten? – Es steht
zu befürchten: gar nicht. Solange er sich gegen den Weiblichkeitsverdacht abstrampelt, jedenfalls nicht. Und der Softie,
der in einer Art Flucht nach vorn – oder nach hinten? – »seine
weibliche Seite entdeckt« hat, hat in die Sterne geguckt, aber
nicht in sich selbst. Er hat keine weibliche Seite. Ein Gefühl
zu »haben« und dies in der Männer-Selbsterfahrungsgruppe
stockend zu offenbaren, ist noch nichts Weibliches. Dieser
Weg erscheint also nicht als Ausweg aus dem Dilemma.

Es gibt keinen Ausweg – und darin besteht ein großer Teil
des Kampfes, den Männer seit Jahrhunderten gegen andere, gegen irgend etwas, vor allem aber gegen sich selbst führen. Gewalt kommt aus Hilflosigkeit. Auch davon erzählt der Mythos
von der Geburt des Helden.

Die Auflösung des Rätsels ist ganz einfach – theoretisch
jedenfalls. Der Mann muß sich ein paar Fragen stellen (und
dann aller Voraussicht nach ein Leben lang damit leben). Er
fange ruhig mit dem Helden an: Sprachgeschichtlich meint
der Held den »freien Mann« und dann noch den »Hüter«. In-
wiefern bin ich ein »freier Mann«? Kann ich diese Freiheit,
die sich offenbar aus meiner konstitutionellen und existentiellen Fremdheit dem Element des Lebendigen gegenüber er-

gibt, an mir selbst, mich hütend, fruchtbar machen? Wer zwingt mich eigentlich, die klassische »Bloß-keine-Frau-Sein«-Rolle einzunehmen? Wer sagt denn, daß es weiblich, also unmännlich wäre, wenn ich mit mir selbst solidarisch wäre? Wenn ich, bei meinem Körper anzufangen, mich als Gegenstand meiner Pflege und Fürsorge ins Auge fassen würde? Kann ich Mut haben, an mir selbst? Wäre das nicht das eigentliche Heldentum? Was – außer der Angst, unmännlich zu sein – hindert mich eigentlich daran, auf meine Gesundheit zu achten (um ihrer selbst willen, nicht bloß aus sportiven Gründen)? Wie nehme ich mich überhaupt selbst wahr? Kann ich meine Unvollkommenheiten annehmen? Wann, in welchen Situationen, zeigt sich meine Neigung zu Grenzüberschreitung und Kontrollverlust, und welche Alternativen habe ich oder möchte ich erwerben? Wie sieht es mit meinen Beziehungen aus? Traue ich mich, Nähe zu anderen Männern zuzulassen, auch bevor ich drei Bier getrunken habe?

Eigentlich banale und selbstverständliche Fragen. Frauen kennen solche Fragen und stellen sich ihnen. Soll das die Lösung sein? Es also doch den Frauen gleich zu tun? – Ja und nein. Es ist eben die Freiheit des Mannes – und nur er hat sie in dieser existentiellen Weise –, lernen zu können, wie man Leben überhaupt und das eigene Leben befürsorgt. Für Männer, die solches versuchen und es vielleicht auch erreichen, kann diese fürsorgende Haltung nicht das gleiche sein, nicht die gleiche Bedeutung haben wie für Frauen – eben weil sie es erlernen, erwerben müssen gegen ihre vorgegebene Affinität zur Sphäre der Gefährdung und des Todes. Das Erreichte ist immer etwas anderes als das, was man – wie ein Geschenk oder wie selbstverständlich – schon hat. Deshalb ist der Mann, der sich solchen Fragen stellt, nicht etwa weiblich oder unmännlich, sondern er erst ist ein »freier Mann«, ein Held. Das konstitutionell Männliche und was sich psychologisch und existentiell daraus ergibt, kann er gar nicht verlieren. Er erwirbt sich die Leben- und selbstbefürsorgende Haltung zusätzlich zu dem, was ihm zunächst gegeben ist. Er wird seine

Neigung zur Grenzüberschreitung, seine Nähe zur Schwelle deshalb nicht verlieren, aber er wird diese anders handhaben können. Er wird ihr nicht mehr ausgeliefert sein. Er wird spielen können.

Der Spieler ist frei. Er hat Möglichkeiten und überblickt, welche er wann wie einsetzt. Der Spieler ist frei davon, sich auf eine bestimmte Rolle festlegen zu müssen. »Im Spiel kommt heraus, was ist« (Hans-Georg Gadamer). Frei spielend, mit sich, entsteht eine Männlichkeit, die sich bewußt ist ihrer Gefährdetheiten und Gefährlichkeiten, aber auch bewußt ist der prinzipiellen Unabgeschlossenheit ihrer Identität. Der Spieler probiert Neues aus, er geht über vorgegebene Festlegungen, Erwartungen hinaus, auch über die eigenen. Die Chancen des Männlichen ergeben sich nicht aus der krampfhaften Abgrenzung vom anderen Geschlecht und auch nicht aus der unterwürfigen Pseudo-Identifikation mit diesem, sondern da heraus, daß es – verantwortungsvoll und solidarisch vor allem gegenüber sich selbst – damit spielt, was es sein könnte. Der wahre Held ist der »freie Herr«. Solange andere ihn im Körbchen vor sich selbst schützen und wieder andere ihn daraus bergen müssen, bleibt er doch nur der »lonesome hero«.

– Ich bin begeistert. Das Motiv des sich entwickelnden Mannes im Wasser klingt ja auch am Ende vom »Märchen von einem der auszog, das Fürchten zu lernen« an: Der Wasserschwall mit den Fischen bringt die erlösende Wende.

Etwas anderes ist mir noch nachgegangen. Ich hätte gern bei meinem Besuch neulich noch einen Punkt angesprochen und mache es jetzt aus der geschützten Distanz per E-Mail: Von mir aus könnten wir auch weiter beim »Sie« bleiben, aber ich würde mich über das »Du« freuen.

98 - *Klar, das Du ist dran. Also, Ulrich, ich werde Dir ein Vortragsmanuskript von Joachim Keding über die Wechseljahre des Mannes schicken - vielleicht wäre das etwas für das Buch.*

· ·

Der Mann vor dem Rätsel des Lebendigen – Giacometti zum Beispiel

Der junge Bildhauer und Maler besucht eine Kunstausstellung. Impulsiert, beflügelt tritt er aus der Ausstellungshalle. Da kreuzen drei quicklebendige jugendliche Mädchen seinen Weg, scherzend, quirlig, vibrierend vor Lebendigkeit. Der Bildhauer erschrickt, die Mädchen erscheinen ihm »maßlos«, überdimensioniert ihr pralles Leben. »Wie ein Irrer« habe er sie angestarrt – entsetzt über die Unmittelbarkeit des physischen Lebens.

Porträts und Büsten, die er bis dahin – abbildend – geschaffen hatte, erscheinen ihm plötzlich »unwahr«. Und ab diesem Moment gewinnt sein Schaffen eine existentielle Dimension. Ab jetzt sind ihm seine Werke nur noch Nebenprodukte und Zwischenergebnisse einer Suche nach der für ihn unerbittlichen, fürchterlichen Direktheit und Deutlichkeit des Lebendigen.

Auf den ersten Blick scheinen die Werke, für die der Schweizer Bildhauer und Maler Alberto Giacometti berühmt wurde, eher auf das Gegenteil hinzuweisen. Es sind jene bis an die Grenze zum Verlust ihrer Körperlichkeit dünnen Figuren. Sie scheinen wie im letzten Augenblick vor ihrer Dematerialisierung noch erhascht.

Im Schaffen schon entziehen sie sich dem Künstler. Unter der eigenen Hand verliert er, was er herzuholen sucht. Unzufrieden ständig und niedergeschlagen, oft in Angst sogar, das Werk nicht vollenden zu können, zögert er schon den Moment des Anfangens hinaus, wenn zum Beispiel eine Porträtierung ansteht. Phasenweise erfaßt ihn eine alptraumhafte Hoffnungslosigkeit. Im Vollzug des Schöpfungsvorganges verdüstert sich seine Stimmung zusehends. »Es geht nicht«, »es verschwindet«, »es kann nicht gehen«, »ich kann es nicht«, stößt er ein ums andere Mal hervor; immer wieder setzt er neu an, verzweifelt über die Unmöglichkeit, der Aufgabe gerecht zu werden. Andererseits gibt er niemals auf. James Lord beschreibt, wie Giacometti über Wochen sich mit dem Versuch abquälte, ihn zu porträtieren: ständig unzufrieden, das Erreichte immer wieder übermalend, klagend, daß das Angestrebte, die Wiedergabe des Modells, sich um so mehr entziehe, je ernsthafter er es zu erfassen suche. Kein Tag, an dem er nicht von seinem Scheitern spricht.

Es ist dies nicht die Pose eines seiner selbst im Grunde gewissen Künstlers, der ehrlicherweise immer weiß, das Werkstück hätte noch besser, noch genauer, noch ausgereifter sein können. Vielmehr hat Giacometti unentrinnbar die existentielle Unmöglichkeit und auch Ungeheuerlichkeit seines Zieles vor Augen: die lebendige Wirklichkeit zu erfassen; zu verstehen, was ihm damals so schmerzlich gegenwärtig wurde, als er aus der Kunsthalle trat.

Was genau meint er, wenn er einmal sagt: »Je mehr man an einem Bild arbeitet, desto unmöglicher wird es, es zu vollenden«? – Offensichtlich meint er nicht die handwerklich-künstlerische Seite. Vielmehr erlebt er seine Werke als prinzipiell und schon im Ansatz unvollendbar angesichts der Tatsache des Lebendigen, vor der er steht und die er nachzuvollziehen sucht. Was er letztlich nicht versteht – und kaum einem Künstler scheint dies so schmerzhaft bewußt gewesen zu sein – ist dies: Wie entsteht Leben? Wie wird Leben geschaffen? Was ist Leben? – Bei aller abbildenden Porträt-Ähnlichkeit, die er aus seinen handwerklich-künstlerischen Talenten heraus erreichen kann – die lebendige Wirklichkeit bleibt immer dort, sie ist ihm in seinem Schaffen nicht nachvollziehbar, geschweige denn wiederholbar.

Wie dem Eulenspiegel wird hier dem Künstler als einem Mann das dem Menschen Selbstverständliche und Unbefragte abgründig, rätselhaft, ja bedrohlich in seiner Unerreichbarkeit und Unfaßbarkeit. Sind es beim Eulenspiegel die Selbstver-

ständlichkeiten von Konvention und Alltag, die er distanzie-
rend-ironisch zur Frage stellt, so geht es hier um das existentielle Rätsel, vor dem der Mann steht: Wie kann Leben sein?
Die Wirklichkeit des Lebendigen als Geheimnis – das ist die
Spur, auf der Giacomettis Werk entsteht.

Eine Frau erlebt Empfängnis, Entstehung und Weitergabe
des Lebendigen mit einer selbstverständlichen Unmittelbarkeit, die einem Mann nicht nachvollziehbar ist. Ein Mann
mag Leben erforschen, es analysieren, sich als Biologe, Che-
miker, Mediziner oder dann auch als Philosoph damit befas-
sen, aber erleben wird er dies nie. Insofern ist nicht nur dem
Künstler, der Lebendigkeit nachschaffen will, sondern auch
dem an den Erscheinungen des Lebendigen Forschenden und
Tätigen das eigene Werk unvollendbar. Er kann es sehen, er
kann es mit allen Sinnen wahrnehmen, aber er kann nicht
hoffen, es wiederzugeben, gar weiterzugeben. Die Entstehung
des Lebendigen bleibt ihm verborgen.

Giacomettis Figuren berichten von der Unmöglichkeit des
Zieles, wenn ein Mann danach strebt. Er suchte immer wieder
neu und anders, das pulsierende Lebendigsein hinüberzuret-
ten in seine Werke – und formulierte mit ihnen doch nur seine
Scheu und Resignation vor eben diesem Lebendigen. Indem
sie sich schon beim Schaffensvorgang bis zur Unkörperlichkeit und Unräumlichkeit dem Künstler entziehen, verhöhnen
sie fast den Versuch, sie als Nachvollzug des lebendigen Vor-
bildes zu erschaffen. Sie sind ein Signum der Vergeblichkeit
des Unterfangens.

Je genauer die aus sich selbst heraus übervolle Wirklichkeit des Lebendigen ins Auge gefaßt wird, um so mehr entzieht sie sich der Hand. Der Gegenstand nimmt ab und verschwindet. Als Giacometti wieder einmal Diego, seinen
geliebten Bruder, Ratgeber und täglichen Gefährten zu porträtieren versucht, muß er feststellen:»Wenn er für mich Modell sitzt, erkenne ich ihn nicht wieder.« Phasenweise werden
die Figuren nicht nur immer dünner und dürrer, sondern geraten ihm so winzig, daß er sie schließlich, verzweifelt, in einer
Streichholzschachtel mit sich trägt.

Dieses Verschwinden der Figuren in die Unkörperlichkeit
und Winzigkeit trifft ihn wie ein Todesurteil. Und er wird sich
bewußt, daß sein Tun nicht nur vergeblich ist, sondern daß es
zum Gegenteil dessen gerät, was er zu erreichen sucht. Der
Vorgang des Schaffens, der Schöpfungsvorgang wird zur Zerstörung der Lebendigkeit. Die Plastiken entstehen durch Weg-
nehmen, Pressen des Tons, Hineindrücken; Porträtbilder sind
endlose Schichten von Versuchen der Wiedergabe dessen, was
er sieht, und Überpinselungen. Einmal sagt er zu einem Modell beim Porträtieren: »Ich zerstöre dich jetzt.« Und er weiß,
daß er immer wieder »jenen endgültigen Pinselstrich zieht,
der alles tilgt«.

Der Versuch, Leben zu reproduzieren, führt den Mann in
die Sphäre von Zerstörung und Tod. Seien wir uns klar darüber, daß Versuche, Lebewesen zu klonen, künstliche Befruchtung, In-vitro-Zeugung von Embryonen, um sie dann für Gen-
forschungszwecke zu »verwenden«, künstliche Intelligenz
herzustellen und dergleichen, von Männern initiiert werden.
Und man kann wohl davon ausgehen, daß einer Frau solches
nicht einfiele.

Giacomettis Figuren sind der Wirklichkeit des Lebendigen
entrissen – und eben damit ist ihre Lebendigkeit zerstört. Iso-
lierende Forschung zerstört oder stört zumindest, was sie
erforscht – sei es im Bereich der Biologie, der Medizin, der Psychologie. Diese Art zerlegende, aus dem lebendigen Zusammenhang herausnehmende Forschung und Tätigkeit ist ihrem
Wesen nach männlich. Das ist nicht dadurch widerlegt, daß
auch Frauen auf diesen Gebieten arbeiten. Diese können
getrost auf diesen Gebieten forschen und tätig sein, denn sie
können jederzeit auf ihren erlebenden Zugang zur Entstehung
des Lebendigen mit einer Unmittelbarkeit zurückgreifen, die
einem Mann verschlossen ist.

Giacometti erfaßte das Paradoxe seines Strebens, als er
sagte, um lebendige Wirklichkeit wiedergeben zu können,
müsse er sterben. Er war sich bewußt darüber, daß er mit
seinem Versuch, Leben zu reproduzieren, sich an der Grenze
zum Tode bewegte. Masse- und gewichtslos, unkörperlich, wie

seine Figuren sind, haben sie keinen Bezug zum realen, leben-getragenen und -durchwirkten Raum, sondern sie könnten je-den Augenblick hinübertreten in einen imaginären, anderen, dem Lebendigen unbetretbaren Raum. Mit ihrer Fragilität exi-stieren sie gerade noch – im Begriff zu erkennen, daß sie nicht zur Sphäre des Lebendigen gehören. Sie vermitteln gerade nicht Lebendigkeit, sondern verweisen auf einen Raum, der jenseits des Lebens ruht. Scheu und bang blicken sie in die ih-nen entschwindende räumlich-physische Welt, die ihnen rät-selhaft wird und sie ängstigt. Als ob sie nicht verstünden, wo-her sie genommen sind. Ihr Blick kommt schon von jenseits der Grenze.

In der Vergeblichkeit des männlichen Bemühens, Leben nachzuvollziehen, öffnet sich der jenseitige Raum, der nicht um das Irdisch-Physische weiß.

– Am Wochenende war ich in einer Giacometti-Ausstellung. Unser Gespräch über den Tod war ein weiterer Anstoß zu dem Text. Bin ich Dir damit jetzt für Dein Todesthema ins Gehege gekommen?
– Überhaupt nicht. Ich suche noch nach einer Form der Darstellung. Arnold Böcklin und seine »Toteninsel« habe ich verworfen, seit ich gelesen habe, daß Hitler eine Fassung in die Reichskanzlei gehängt hat und das Bild sehr liebte ...
Der tragische Zug der sich selbst in Frage stellenden Männlichkeit bekommt in dem Giacometti-Aufsatz durch die Lebens-Todes-problematik eine sehr große Dichte. Ich bin gespannt, wie es weitergeht. Mein Beitrag über Männerfreundschaft ist in Arbeit, aber noch nicht so weit, daß ich Dir schon mal eine Erstfassung rübermailen könnte.

Wann sind Männergesangsvereine männlich?

Der in Männergesangsvereinen, wenn auch aus unerfindlichen Gründen, gebotene Frohsinn kann unversehens in hohen und heiligen Ernst umkippen, sobald die Pflege des Liedgutes sich dem Dienst jener unerbittlichen, höheren Werte geweiht sieht, die von den Vorvätern auf uns gekommen sind. Hier gibt es nichts mehr zu lachen, das Absingen frohsinniger Lieder changiert in eine zeremoniale, ja kultische Sphäre, und man kann mit Mal dem bösen Wort des Satirikers:»Wo man singt, da laß dich ruhig niederschlagen« etwas abgewinnen. Auch das sind real existierende Männerwelten.

Die Comedian Harmonists, ein Männergesangsverein der dritten Art, ersparten uns beides. Sie fanden das Leichte und Spielerische. Wie haben die das gemacht – als Männerbund immerhin?

Zunächst einmal, indem sie hart gearbeitet haben für ihr Ziel, eine ganz neue Freiheit in der musikalischen Darstellung zu finden. Monatelang übten sie zum Beispiel, leise statt wie üblich mit Kraft auf einem Ton zu singen; sie lernten, gemeinsam zu atmen; sie übten, ihre Stimmen instrumental einzusetzen; sie erarbeiteten sich gemeinsame Präzision und Rhythmik bis dahin, daß sie mit einer Schnelligkeit singen konnten, die es im Gesang vorher nicht gegeben hat. Hieraus, aus dieser synchronen Präzision des Zusammenklangs, entstand die Leichtigkeit ihres Gesangs.

Sie hatten übrigens selbst den größten Spaß daran, ob sie Arien, Jazz-Nummern, Klassisches oder Selbsterdachtes sangen.

Diese sechs Männer waren ständig zusammen, nicht nur bei der Arbeit und beim Proben. Sie aßen zusammen, verbrachten auf ihren Tourneen die Abende zusammen im Hotel, zeitweise haben sie zusammen gewohnt.

Wie ist es möglich, daß so eine Männergruppe über Jahre nicht nur zusammenhält, sondern von gegenseitigem Respekt, von Freundschaft und auch von einem Quentchen kritischer Ironie getragen ist? Trotz gelegentlicher Streitigkeiten ist die Gruppe nicht aus innerer Spannung auseinandergegangen, sondern sie wurde 1934/35 von außen erst zermürbt und dann zerschlagen, weil drei ihrer Mitglieder Juden waren.

Diese Frage ist uns hinreichend geläufig: Wieviel Mann verträgt die Frau? Die Frauenzeitungen beschäftigen sich gern damit. Weniger erforscht ist aber die andere Frage: Wieviel Mann verträgt der Mann? – Um dieser Frage nachzugehen, sei zunächst eine grundsätzliche Unterscheidung ins Auge gefaßt.

Wir müssen nämlich unterscheiden zwischen zwei Arten von menschlichen Zusammenschlüssen: der Begegnungsgruppe einerseits und der objektiven oder Arbeitsgruppe andererseits.

In der Begegnungsgruppe geht es darum, daß man sich gegenseitig wahrnimmt und sich über sich austauscht. Man kommt aus Sympathie zusammen, man erzählt sich. Man sucht das Zusammenschwingen, den Gleichklang der Meinungen und des Fühlens. Man taucht in den sozialen Raum der Begegnungsgruppe ein, weil man dort als Person wahrgenommen wird, weil man Aufmerksamkeit und Bestätigung bekommt und einfach gern als der gesehen ist, der man eben ist. Eine natürliche Begegnungsgruppe ist die Familie, im weiteren die Verwandtschaft. Eine ad hoc entstehende Begegnungsgruppe liegt zum Beispiel vor, wenn zwei oder drei Ehepaare zusammen in den Urlaub fahren.

Davon müssen wir die objektive oder Arbeitsgruppe unterscheiden. Hier kommt man nicht zusammen aus dem Bedürfnis nach zwischenmenschlicher Gemütlichkeit, vielmehr gibt es einen objektiven, das heißt außerhalb der beteiligten Personen liegenden Sachverhalt, eine Aufgabe meist, die im Zusammenspiel der Kräfte und Fähigkeiten der einzelnen Beteiligten durchgeführt, erledigt, gemeistert werden soll.

Man kommt hier also aus sachbezogenem Interesse zusammen. Oder vielleicht sollte man es besser anders herum sehen: Der objektive Sachverhalt, die anstehende Aufgabe, ein

Projekt auch, verlangen, daß zu ihrer Erledigung und Bewältigung mehrere Menschen mit bestimmten Erfahrungen und
Kompetenzen zusammenkommen. Jeder Betrieb zum Beispiel
ist zunächst einmal eine objektive Gruppe, aber auch der
Männergesangsverein.

Und nun eine These: Männern liegt die objektive Gruppe
näher als die Begegnungsgruppe. Auf den ersten Blick scheint
diese These das besonders von Frauen gern gehegte Bild zu be-
stätigen, daß Männer eben keine Gefühle haben oder, wenn irgendwo tief drinnen doch, sie nicht damit herausrücken wollen oder können (was ein Inhalt der Begegnungsgruppe wäre)
und ihre sozialen Kontakte deshalb lieber an einen neutralen
Gegenstand anknüpfen, über den sie dann allerdings ergiebig
reden. Es gibt ja auch eine spezifisch weibliche Belustigung
über solche »Männerwelten«, welche behauptet, daß es einen
sozialen Austausch unter Männern um seiner selbst willen
gar nicht geben könne. Und jedem fallen diese entweder
bierernsten oder von schlecht durchbluteten Herrenwitzen
durchwaberten Männergruppierungen ein, deren vordringli-
cher Zweck der einer Schutz- und Solidargemeinschaft gegen
(Ehe-)Frauen zu sein scheint (»Die Drei von der Tankstelle«
oder »Drei Männer in einem Boot« oder auch einfach drei
Männer am Tresen).

In Männergruppen wie den Comedian Harmonists (welche
übrigens die Beatles nicht nur handwerklich-musikalisch in-
spiriert haben, sondern eben auch sozial) lebt aber offensichtlich etwas anderes: Es ist das gemeinsame Spiel anhand des
objektiven Gegenstands (hier der musikalischen Darstellung).
Das Spiel ist ja wesensmäßig ein Hin und Her, ein Austausch
also, welcher zu einem eigentümlichen Schweben des spie-
lenden Bewußtseins führt. Spiel ist immer ein Spiel mit Möglichkeiten (auch des Verstehens und der Erkenntnis). Der
Spielende ist in dem Sinne außer sich, als er bei seinen Möglichkeiten ist. Er ist damit in einem neuen Sinne bei sich.
Denn er verläßt zwar seine eingefahrenen, festgelegten Weisen des Denkens und Handelns, gewinnt aber dadurch, daß er
mit dem, was er noch nicht ist, experimentiert.

Nun wirkt aber jedes Spiel auf den Spieler zurück. Das Schwebende, Offenlassende wird Milieu. Hierin begegnen sich Männer.

So spielten die Comedian Harmonists nicht nur mit Liedern und stimmlichen Darstellungsmöglichkeiten und erhoben sie ins Leichte, sondern sie erhoben auch sich selbst gegenseitig in die Sphäre des Spiels. Hierin erscheint eine unübliche Art von »Männerwelt«. Weil es hier nicht primär um die Begegnung geht, sondern um einen objektiven Anlaß und Zweck, kann sich diese Sphäre des Spiels überhaupt erst mit Fug entfalten. In der Begegnungsgruppe kann sich um den Anlaß des Zusammenkommens das Element des Spielerischen nicht entwickeln. Man spielt nicht mit der Begegnung. Der objektive Anlaß, die Aufgabe aber können dafür Raum schaffen, daß sich ein Spielerisches entfaltet.

In unserem Zusammenhang der Frage nach Männlichkeit heißt Spielen, das schon immer für männlich Gehaltene, für männlich Gewußte, das vorgeblich eindeutig Männliche zu suspendieren und sich statt dessen immer neu als Mann zum gemeinsamen Gegenstand und zueinander in Bezug zu bringen. So ist an dem gern belächelten »Kind im Manne« etwas wahr oder kann jedenfalls wahr werden: eine Unbefangenheit im Ausprobieren der Möglichkeiten und Grenzen männlicher Herangehensweisen zu entwickeln, die nicht sogleich wieder Definitionen und Ergebnisse haben möchte, sondern die offenlassen kann, wonach sie fragt.

So gesehen kann Männlichkeit als Spiel erscheinen. Und hierin kann sie leicht und beweglich sein. Schwer und starr bis hin zum Destruktiven tritt sie da auf, wo sie durchsetzen will, was sie ein für alle Mal meint zu sein (oder sein zu müssen). Dann haben wir da Männerbünde, in denen alle einer Meinung und eines Denkens sind. Männlichkeit , die mit sich fertig ist, ist immer anfechtbar, weil Männlichkeit nicht fertig sein kann. Und sie wirkt lächerlich (und die zahlreichen witzelnden Männer-Bücher setzen hier an) da, wo sie nicht spielt, sondern sich für ernst und endgültig nimmt. Die Gefahr des Männlichen liegt immer in der Festlegung. Wo Männlichkeit aber (sich selbst) überraschen kann, ist sie im Spiel.

- Der Text über die Comedian Harmonists kam bei mir an, als ich Dir meinen Winnetou-Beitrag geschickt habe. Ich finde, wir sollten diese beiden Aufsätze als Doppelpack in das Buch einstellen. Sie ergänzen und überschneiden sich und geben damit auf eine stimmige Weise unser Konzept wider, aus einzelnen Facetten Bilderteile zu gestalten.

. . . .

Winnetou und sein Blutsbruder

In der Zeit, in der es für Jungen unmöglich ist, auch nur die leiseste Gemeinsamkeit mit Mädchen gelten zu lassen, übt die Geschichte von Winnetou und seinem Vertrauten Old Shatterhand eine sehr starke Anziehungskraft aus: Freunde zu haben, vielleicht sogar einen, mit dem man durch dick und dünn gehen könnte, das ist in und manchmal auch jenseits der Realität eines Jungenlebens etwas Wunderbares.

Aber auch Männer kennen so etwas wie Freundschaft. Es muß zwar zugegeben werden, daß für das einzelne Exemplar Mann in der Regel nicht mit einer astronomisch hohen Zahl von guten Freunden gerechnet werden kann, aber es gibt sie, die Männerfreundschaft. Sie unterscheidet sich fundamental von den durch die Berufstätigkeit bedingten Beziehungen zu Arbeitskollegen und zu sogenannten Geschäftsfreunden. Um beruflich und karrieremäßig voranzukommen, gehen Männer auch heute noch untereinander Beziehungen ein, die im besten Fall eine sachlich-kameradschaftliche Zweckgemeinschaft bilden und im schlimmsten Fall in der Kategorie zwischen Saufkumpel und Speichellecker anzusiedeln wären. Die Grenzen zur regelrechten Männerfreundschaft sind vielleicht fließend, aber grundsätzlich geht es dabei um mehr und anderes. Sicher, stundenlanges Telefonieren mit gegenseitiger seelischer Total-schau findet unter Männerfreunden nicht jeden Tag statt. Auch die Bandbreite von Gesprächsthemen mit dem Kommu-nikationspartner ist eher begrenzt als ausufernd, aber es wird gesprochen – und nicht nur über jeweils technische Daten.

Was macht eine echte Männerfreundschaft im Kern aus? Natürlich spielt Übereinstimmung eine Rolle, wie bei jeder Freundschaft. Ich fühle mich erst mal mit dem am meisten verbunden, der meine Sicht der Dinge teilt. Die Anbahnungs-phase der Freundschaft wirkt oft wie ein Slalomlauf zwischen den Themen, bei denen es Differenzen geben könnte. Außer-dem muß ausgelotet werden, wer der erste und wer der zweite Mann ist. Piloten bei der Lufthansa erhalten zum Beispiel ihren Status nach der »Seniorität«, also nach der Zahl der Flug-stunden, die sie im Cockpit zugebracht haben. Erster oder zweiter zu sein, mehr oder weniger Erfahrung auf dem Buckel zu haben, ist wichtig – auf welchem Gebiet auch immer.

Bei der Statusfindung kann eine Männerfreundschaft lange verharren: In sachorientierten Freundschaften (Skatbrüder, Angelfreunde usw.) finden sich Mitstreiter für jedes beliebige Feld, die permanent damit beschäftigt sind, herauszubekom-men, wer die meisten Punkte einfahren kann. Auf Dauer er-gibt sich aber auch schon hier neben dem definierten Gebiet gemeinsamen Strebens eine oftmals eher schweigende Bereit-schaft zu umfassenderer Solidarität.

Das Ausrichten nach hierarchischen Bezügen erscheint im ersten Moment als wenig reif, muß doch schon der Zehn-jährige genau wissen, ob er wirklich stärker als Dennis und schwächer als Hauke ist. Ein deutlich gesetztes Statusgefüge stabilisiert jedoch auch viele Beziehungen unter Männern und macht sie weniger pflegeintensiv. In der Tat überdauern Män-nerfreundschaften Zeiten der Dürre (des Schweigens und Nichtkontakts) erstaunlich gut.

Max und Moritz, Winnetou und Old Shatterhand, Stan Laurel und Oliver Hardy, aber sicher auch Don Camillo und

Peppone sind gute (wenn auch nur literarische) Beispiele
dafür, daß bei aller Gemeinsamkeit auch die Unterschiedlich-
keit der Charaktere maßgeblich für Männerfreundschaften
sein könnte. Vielleicht liegt gerade in dem Versuch, sich in der jeweiligen Fremdheit kennen und schätzen zu lernen, der entscheidende Schritt zur Reife. Auseinandersetzung und Streit bringen die Standpunkte der Betroffenen jedenfalls in Bewegung.
Warum sollte dabei keine sinnvolle Richtung herauskommen? Das Bedürfnis nach Abgrenzung widerspricht nicht dem
Grundgedanken der Gemeinsamkeit, sondern kann als Ge-
würz menschlicher Beziehung gelten.

Interessanterweise nimmt mit dem Eingehen auf die Ver-
schiedenartigkeit des anderen auch die Möglichkeit zum Vergleich und damit zur Statusbeschreibung ab, was dazu führen
könnte, daß höhere und niedrigere Position immer mal wechseln. In der Sprache von Max und Moritz heißt das: Mal hat
Max die Idee zum nächsten Streich, mal Moritz. Tatsache ist:
Die beiden verbindet absolute Solidarität – gegen den Rest der
Welt.

Das Männerpaar Winnetou und Old Shatterhand nimmt in
diesem Zusammenhang eine besondere Position ein. Daß ein
Indianer und ein »Bleichgesicht« Blutsbrüder sein können, ist
ja nur deshalb möglich, weil Old Shatterhand Winnetou das
Leben gerettet hat und Winnetou bemerkt hat, daß er Old
Shatterhand trotz seiner Zugehörigkeit zu den Weißen vertrauen kann. Damit ist auf eine Ebene jenseits der Solidarität
verwiesen. Hier geht es nicht nur um eine besondere Form
von Anhänglichkeit, die in Männerfreundschaften durchaus
zu finden ist, hier geht es um etwas, das nur mit dem vielleicht altmodisch klingenden Wort Bruderliebe bezeichnet
werden kann. Dem Freund das Leben zu retten beziehungsweise ihn nicht nur freizulassen, sondern mit ihm Blutsbrüderschaft zu feiern, ist dabei gar kein so unzutreffendes Bild.
Oft haben Männer den einen entscheidenden Freund, mit dem
sie mehr und Intimeres teilen können als mit irgendeiner
Frau. Männerbiographien sind zuweilen von der mehr oder

weniger lückenlosen Reihe der jeweils einzigen besten Freunde maßgeblich geprägt. In einer der Lücken endlich wieder einen Freund zu finden, dem ich so nahe sein kann, daß ich nicht nur meine Siege und Erfolge, ja noch nicht einmal nur meinen Ärger, sondern auch meine Hilflosigkeit und Ohnmacht gegenüber den Indianern oder Bleichgesichtern dieser Welt teilen kann, das verträgt durchaus den Titel einer Freilassung und Lebensrettung.

Was ist aber nun konkret der Inhalt einer Blutsbrüderschaft, die nicht ausschließlich aus der Jungenphantasie über Winnetou und Old Shatterhand entspringt?

Es ist die Erfahrung einer unbedingten Zuneigung, wie sie schon in der Geschwister- und Elternliebe gesucht wird: Daß man nicht um seiner Leistung, um seiner Funktion willen, sondern um seiner selbst willen gemocht wird. Daß ich bei dem, der mich so liebt, auf einen Vorschuß hoffen kann, der mich immer erst mal positiv aussehen läßt, auch wenn ich gerade etwas Unverständliches oder gar Falsches getan habe. Oder, um etwas mehr im Sinne von Karl May zu sprechen, daß mein Blutsbruder für mich kämpfen wird, wenn ich bedroht werde – und ich für ihn.

Das Besondere ist dabei, daß der Blutsbruder gerade nicht verwandt ist, also schon von der Abstammung her mit mir »aus einem Stall« kommt, sondern daß wir uns die Blutsbrüderschaft bewußt erklärt, daß wir sie uns gegenseitig gegeben beziehungsweise erworben haben.

Einander gleich und doch nicht gleich sein, sich ineinander finden (dein Blut fließt in meinen Adern und meines in deinen) und doch voneinander verschieden sein, das könnte etwas sein, was vielleicht mancher Mann mit Beklommenheit fühlen wird: eine Intimität und Vertrautheit, wie sie nur mit Brüdern des gleichen Geschlechts und nicht mit den ganz und gar anderen und fremden Wesen, mit den Frauen, möglich ist.

Geht das nicht doch ein bißchen zu weit? Ist das nicht schon homoerotisch, oder gar homosexuell? Klar, wir sind natürlich für Homosexualität, das gebietet schon der Zeitgeist: Jeder soll schließlich nach der eigenen Fasson selig wer-

den. Aber doch bitte sehr die anderen, ob wir sie wegen ihrer **111**
gesellschaftlichen Randständigkeit bemitleiden oder ob wir
uns – aus dem gebührenden Abstand – trotzig mit ihnen soli-
darisieren. Wir sind sogar ausgesprochenermaßen für Homosexualität, aber wir haben die nun mal selbst nicht, tut uns
leid.

Wir sind stolz darauf, daß wir gelernt haben, Gefühle zu
zeigen. Wir dürfen, nein, wir sollten sogar in der Lage sein, zu
weinen, und zwar als Mann – bei Gelegenheit auch gern öffentlich, wie amerikanische Präsidenten nach (heterosexuel-
len!) Ausrutschern mit Praktikantinnen. Unsere Umarmun-
gen unter Männern sollten aber doch lieber kraftvolle
Schulterklopfer als zarte Gebärden sein, denn: Irgendwie verliert sich vielleicht bei zuviel Verbrüderung das Profil des eindeutig Männlichen. Wenn ich Freundschaft mit Männern
nicht nur ganz okay finde, sondern mich dazu bekenne, daß
mich mit meinen besten Freunden etwas verbindet, was ich
uneingeschränkt Liebe nenne, kann ich dann noch ein echter,
ein richtiger Mann sein?

Winnetou und Old Shatterhand konnten das, sogar ziemlich eindeutig. Und, Karl May sei Dank, ist Indianerspielen
noch immer nicht verboten – auch nicht für Männer.

- *Zum Thema Männerfreundschaft mußt Du Dir
unbedingt den Film »Elling« ansehen. Die
leihen sich sogar die Unterhosen aus.*
- *Hab ihn schon gesehen und bin schon Fan
geworden. Schreibt eigentlich einer auch
zum Thema Sexualität?*
- *Ach ja, die gibt's ja auch noch. Aber wäre
es nicht ein Gag, in einem Männer-Buch überhaupt nicht zur Sexualität zu schreiben?*
- *Ein Gag ja. Aber vielleicht wäre es auch
Feigheit vor dem Freund. Ich versuch es.*

Männliche Sexualität – eine penetrante Sache

»Der schnelle Rück- und Vorschlag ihrer Schwänze treibt die Spermazellen voran ... sobald eine von ihnen das Ei erreicht hat, wird sie lebhaft; ihr Schwanz schlägt schneller und treibt den Kopf voran, um die Schutzhülle des Eies zu durchdringen.«

Sagt das nicht schon alles?

Dieser kleine Absatz aus einem Buch über Embryologie beschreibt zunächst nur einen wesentlichen Vorgang bei der Befruchtung, wenn auch ein bißchen wie im Schulfunk der sechziger Jahre des vorigen Jahrhunderts. Er zeichnet aber auch ein Bild der männlichen Sexualität, wie wir es zu kennen und fürchten zu müssen meinen.

Denn so erscheinen sie doch, die Männer, jedenfalls im gängigen Klischeebild: Schwanzgesteuert und nur darauf aus, alle möglichen Schutzhüllen zu durchdringen. So wie das Spermium die Eihülle penetriert, so wird der Anteil des Mannes an der Sexualität als der des eindringenden Störers oder gar Zerstörers empfunden. Mit der Ruhe im Inneren des Eies ist es dann natürlich erst einmal gründlich vorbei: Der eingedrungene Fremdling veranlaßt zunächst ein wildes Chaos, das erst mühsam wieder geordnet werden muß. Der Mann fügt mit der Gebärde des Eindringens der Frau etwas zu, eine Art Wunde. Die Frau wird das neue Leben in sich tragen und aus sich herausbringen, um sich dabei neuerlich zu verwunden.

Ist demnach der Mann in der Sexualität der Todbringer und die Frau die doppelt Verwundete, aber zugleich Lebenspendende? Ist also die männliche Sexualität aus sich selbst heraus »böse« gegenüber der »weiblich-guten«, weil umfassenderen und dem neuen Leben dienenden? Ist sie für immer gezeichnet, wenn nicht verflucht?

Die Tatsache, daß der Mann bei sexueller Erregung hart wird, indem er eine Erektion bekommt, spricht eine deutliche Sprache. Der Akt des Eindringens, die Penetration, kann als bedrängend erlebt werden, sie hat eine Nähe zur Gewalt. Ver- gewaltigung ist ein Verbrechen, bei dem Frauen Opfer und Männer Täter sind. Die männliche Möglichkeit, Sexualität auf den Geschlechtsverkehr zu reduzieren, mit Prostituierten Sex ohne Liebe zu suchen und überhaupt die Penetranz, mit der Männer zuweilen Jagd auf Sexualobjekte machen, wirkt unsympathisch und abstoßend.

Sollen wir deshalb männliche Sexualität und vielleicht Sexualität überhaupt auf diesen Aspekt reduzieren? Ist es das schon? – Es wäre doch schade darum. Dann läge nämlich die Zukunft der Sexualität einzig bei der bewußten Enthaltsamkeit, im Kuschelsex mit Parolen wie »Schmusen ist doch auch schön!«, »Liebe ohne Sex« und dem zwanghaften Bekenntnis zur Zärtlichkeit bei gleichzeitigem Abschwören gegenüber jedwedem Orgasmuszwang.

Der Tendenz zur Härte steht aber auch in der Sexualität des Mannes etwas gegenüber, was zart und verletzlich ist: Sex ist ja nicht nur die große Anspannung des Begehrens, die zielgerichtete Aktivität auf den Höhepunkt hin. Spätestens mit dem Erreichen des Höhepunktes begegnet dieser Dynamik eine andere, in der das genaue Gegenteil wirksam ist: Entspannung, Auflösung, Hingabe. Gerade aus dem Gegensatz von Spannung und Entspannung, vom Arbeiten auf den Punkt hin und der Auflösung in die Peripherie, von dem gleichzeitigen Streben nach Findung und der Sehnsucht nach Hingabe ist Sexualität bestimmt.

Warum also der gebannte Blick auf die vermeintlich böse Seite der Sexualität, die allzu schnell als typisch männlich ausgemacht ist?

Aus der Sicht von Frauen und Müttern, die oft leidvoll gelernt haben, daß Sex immer auch Angst vor einer ungewollten Schwangerschaft bedeutet, ist die Warnung vor den Männern, die immer nur das eine wollen, gut zu verstehen. Aber ist der Mann wirklich so bedrohlich, wie er aus dieser Angst heraus gezeichnet wird? Was wird ihm angehängt, wenn davon die Rede ist, der Mann sei zur Hingabe nicht fähig? Die Angst der Mütter und damit auch die der Töchter ist lange mit Moralgesetzen gefüttert worden: Danach ist Sex fast immer verboten. Einzig die Absicht zur Fortpflanzung nimmt dieser Betätigung den Makel des Unmoralischen. Wenn jeder Sex ohne Zeugungswillen böse ist, dann bleibt außer Kuscheln eigentlich nichts mehr übrig, oder: Die Männer sind daran schuld, die sind nun mal so.

Vielleicht ist aber auch die Hingabeseite der sexuellen Erregung so unbeachtet, weil sie ein Ausgeliefertsein bedeutet, wie es sonst nur Ohnmacht und Sterben mit sich bringt. Und mit dem Tod steht unsere gegenwärtige Zivilisation nicht auf gutem Fuß. Der Orgasmus wird in Frankreich zuweilen »le petit mort« genannt, der kleine Tod, im deutschen erscheint immerhin der kleine Bruder des Todes, wenn wir »miteinander schlafen«.

Die erste und verständliche Reaktion der Seele gegenüber dem Sterbenmüssen ist die Angst. Die auch sonst im Zusammenhang mit dem Schlafen auftretenden Ängste verstellen aber den Zugang zu den Chancen der Begegnung, die in der Sexualität liegen.

Wachen und Schlafen, Sterben und Lebendigwerden sind die beiden Urgesten des Sozialen. Wenn ich jemandem zuhöre, mich in ihn einfühle, dann beginne ich auf eine zarte Weise einzuschlafen, eine Gebärde der Sympathie. Umgekehrt komme ich zu mir, wenn ich in einer Auseinandersetzung meinen Standpunkt verteidige, wenn ich mich von jemandem abgrenze in der Gebärde der Antipathie. Jede Liebesbeziehung atmet in diesen Dimensionen des Einschlafens und Aufwachens. Dabei kann im Miteinanderschlafen hinzukommen, daß ich den anderen in seinem Einschlafen in mich einlasse und er beim Aufwachen in und an mir erwacht – und umgekehrt. Auf diese Weise entsteht im Gespräch der Seelen und der Leiber ein zartes Einschlafen und Aufwachen. Es ist gleichzeitig das, was das Alte Testament »ein Fleisch werden« nennt. So kann Geben und Nehmen eine Bereicherung aneinander und die Bildung eines Gemeinschaftswesens werden.

Das alles ereignet sich aber nicht, wenn jeder aus Angst vor dem Eindringen oder vor dem Überfremdetwerden nur bei sich bleibt, wenn die Grenzüberschreitung vermieden wird.

Zur Annäherung bedarf es der Geste des Herangehens, der **115**
Aggression im ursprünglichen Sinne des Wortes, oder der Gebärde des Heranziehens, der Attraktion. Daß Männer eher als aggressiv und Frauen eher als attraktiv erlebt werden, sollte nicht darüber hinwegtäuschen, daß Schieben und Ziehen gleichermaßen unfrei machen können. Allerdings ist das Schieben meist deutlicher zu erkennen und der Schieber als Übeltäter auszumachen, das Ziehen kann eher verdeckt und unbeobachtet bleiben.

Wohlgemerkt, hier ist die Rede von einer Kultur der Sexualität, die noch zu schaffen ist, immer wieder. Die Fixierung auf das, was in einer schon abwertenden Sprache »das Vorspiel« genannt wird, und auf den Geschlechtsakt selbst, in dem der Höhepunkt zugleich als Endpunkt sexuellen Handelns angesehen wird, macht Sexualität arm. Auf diese Weise wird der Blick verdeckt für die großartigen Möglichkeiten der Körperlichkeit. Wird Sex seiner größeren Dimension beraubt, dann erhält er den Charakter eines wechselseitigen Raubzuges und degradiert die Beteiligten letztlich zu Objekten.

Jacques Lusseyran, der blinde Widerstandskämpfer, hat eine kostbare Schrift hinterlassen, die mutige Schritte auf dem Weg zur Entdeckung der Größe von Sexualität unternimmt: »Bekenntnis einer Liebe – Conversation amoureuse«. Vor allem im sechsten Kapitel dieses sehr lesenswerten Buches weist er auf den Moment nach dem Höhepunkt als auf einen außerordentlich fruchtbaren Augenblick der erotischen Kultur hin. Im Nachbild des Ineinandersterbens erscheint das vom anderen in mir, das mir fremd und doch zu eigen ist. Ich kann es nun aufnehmen. Dieses Neue, das sich da in aller Zartheit andeutet, bekommt erst eine Bedeutung, wenn es bewußt ergriffen wird. Vielleicht läßt sich hier die Gemeinsamkeit des Leibes in ihrer deutlichsten und spirituellsten Form fassen: Ein gemeinsames Wesen erwächst aus dem tätigen Versprechen, das jeder Liebesakt bedeutet, der diesen Namen verdient. Bevor sich die Liebenden wieder in die Galaxien ihrer Verschiedenheit zurückbewegen, die sie wieder in Sehnsucht zueinander bringen werden, gibt es diese Möglichkeit des Verweilens, der seelischen Nähe nach dem Sturm. Dieser sensible und noch von den Nachgefühlen des »kleinen Todes« bestimmte Zeitpunkt wird leicht übersehen, zumal das Ausgeliefertsein in dieser Todesnähe dem Ungeübten eher die Flucht als das Bleiben nahelegt. Lusseyran sieht die Tendenz zum flüchtigen Übergehen dieses Augenblickes beim Mann, aber er sagt selbst, daß gerade in diesem Stadium der Begegnung Männliches und Weibliches in den Liebenden auf produktive Weise verstört und verunsichert ist.

Wie auch immer – es gibt ein Gegenüber zu dem eingangs geschilderten Penetrieren in der Sexualität, und es lohnt sich, darauf aufmerksam zu werden, für Männer und Frauen.

Und die Sache mit der Penetranz? Nur weil die männliche Sexualität nach außen gekehrt und zuweilen aufdringlich erscheint, ist sie nicht gleich schlecht. Der Anstoß zu einer jeweils neuen Begegnung – auch im Zeichen einer leisen Verstörung des Bestehenden – ist genauso ein Teil dessen, was die Gemeinschaft von Liebenden ausmacht, wie die Bejahung eines neu werdenden Kindes.

– Wetten, daß unsere Leser dieses Kapitel als erstes lesen?
– *Ich verdopple den Einsatz, wenn Du die Leserinnen meinst.*
– Im Ernst: Ich bin noch nicht ganz überzeugt, daß die Sache inhaltlich und stilistisch schon richtig gegriffen ist.
– *Der Text ist gut. Ich finde es auch richtig, daß Du als »Geistlicher« zu diesem Thema schreibst. Es war zwar Jahrhunderte lang ein Thema der Kirchen, aber doch meist in einer moralisierenden Art.*
– Und die siehst Du bei mir nicht?

Die Verfügung über das Fleisch – Rodin

Es geht hier ja nicht darum, Werke der Kunst in einem kunst-
wissenschaftlich relevanten Sinn zu »interpretieren«. Vielmehr sind diese hier Anlaß, Gesichtspunkte und Argumente
vorzutragen.

In diesem Sinne nun ein Blick auf einige Werke des französischen Bildhauers Auguste Rodin: Seine Skulpturen von Paaren, Liebespaaren, wie »Der ewige Frühling«, »Der Kuß«, »Fugit Amor« oder »Das ewige Idol« scheinen zunächst Lügen zu
strafen, was hier oder in diesem Buch aus Anlaß der ent-
körperlichten Figuren von Alberto Giacometti vorgetragen
wurde. Rodins Plastiken und eben besonders die Paare sind ja
von praller, überquellender Präsenz des Körperlichen. Giacometti wäre auch darüber erschrocken gewesen. Hier also doch
ein Nachvollzug des Lebendigen? Schließlich schätzen wir
an Rodins Meisterschaft gerade dies: Wie vor ihm wohl nur
Michelangelo konnte er Bewegung und Dynamik des Körpers
in üppigste Gegenwart holen.

Da kann der Betrachter gar nicht ausweichen. Da will der
Betrachter auch gar nicht ausweichen. Angezogen fühlt er
sich, hergezogen. Es ist ein Leichtes und Verführerisches für
den Betrachter, in die Augen des Schöpfers solcher Werke zu
schlüpfen. Unversehens gerät man da hin, die Liebenden beim
Spiel ihrer Leiber zu beobachten, welches einfach nur eindeutig ist. Nur knapp vermeidet der Künstler die unmittelbare
Darstellung des Geschlechtsaktes. Der Betrachter, der sich
das Auge des Bildhauers zu eigen macht, kommt in die Stimmung des Voyeurs. Was er sieht, ist das Spiel des Fleisches.
Womit er sich konfrontiert sieht, ist die Präsenz schierer
Fleischlichkeit. Er – der Betrachtende wie schon der Bildhauer
– verfügt über das Balgen des Fleisches, dessen Zeuge er wird.
Weiterreichende Phantasien knüpfen sich an.

Solche Plastiken bilden Leiblichkeit ab. Sie sind von außen
genommen.

Verehrer des französischen Meisters werden die Stirn runzeln. Sie seien versichert, es geht ja nicht um ein ästhetisches oder gar moralines Urteil, das uns weder anstünde noch uns nach irgendeiner Richtung weiterbrächte. Man kann ja solche Art künstlerischer Darstellung einfach in Ordnung finden. Auch wird man einwenden, es existierten ja schließlich ähnlich thematisierte Werke von Bildhauerinnen. – Gerade dieser Einwand sei aufgegriffen: Blicken wir auf die thematisch vergleichbaren Werke von Camille Claudel, der Schülerin, Gefährtin und tragischen Geliebten Rodins, die an ihn bis über das Ende ihrer spannungsgeladenen realen Beziehung hinaus existentiell gekettet blieb, und zwar bis in die Jahre des Wahnsinns hinein.

Fassen wir ins Auge eine Skulptur wie »Shakuntala« oder »Der Walzer« in seinen verschiedenen Varianten. Auch hier haben wir ein in Liebe verbundenes Paar vor uns. Doch weiter reicht die Analogie nicht. Denn bei Claudel sind die Paare von ihrem Innersten her, seelisch, als Fühlende verbunden, ja verschmolzen. Claudels Paare verlieren sich aneinander und in die gegenseitige Liebe, wo bei Rodins Paaren eine erotische Spannung auf Weitergehendes drängt. Claudel nimmt die Darstellung von innen her. Gestik, Haltung, ein für Claudel typisches Sich-fallen-Lassen der Körper zum anderen hin ergeben sich aus deren innerer Verbundenheit. Bei Rodin vermeiden sie noch eben Sex.

Claudels Verstehen und Erfassen von innen her, das sich in der künstlerischen Darstellung wiederum entäußert, ist ganz offensichtlich ein anderer Griff in die Sphäre der Lebendigkeit. Es ist ein Griff aus dieser Sphäre heraus, ein Mitvollzug und erhöhtes Weitergeben. Rodins Liebenspaare, kraftvoll und spannungsvoll verschlungen, sagen vor allem etwas über seinen Blick darauf, über den Zuschauerblick, aber sie erreichen nicht die von innen her erfühlte seelische Lebendigkeit und Präsenz der Selbst-Entäußerung, wie Claudel sie als Frau erreicht.

Auf dem persönlichen, biographischen Hintergrund ihrer tragisch verlaufenen Beziehung mag man psychologische

Gründe finden, weshalb Rodin sich möglicherweise nicht traut, diese teils beglückende, teils notvolle Innenseite der Paarbeziehung in seinen Skulpturen zu formulieren. Aber auch unter diesem Gesichtspunkt bleibt die Tatsache bestehen, daß er als Mann so reagiert wie beschrieben und daß Camille Claudel als Frau und Bildhauerin sich ganz anders zum Thema des liebenden Paares stellt.

Ihre Fähigkeit – ja, wahrscheinlich ist es ein Bedürfnis, oder vielleicht kann sie gar nicht anders – zur Selbst-Entäußerung findet einen äußerst möglichen Ausdruck in der Skulptur »Die Flehende« (in anderen Fassungen: »Der entflohene Gott«).

Hätte ein Mann, hätte ein Rodin ein solches Beispiel letzter Entblößung innersten Fühlens geschaffen? Die Frage ist nicht, ob er es als Künstler gekonnt hätte, sondern ob er es wollen würde.

Die Flehende ist ursprünglich Teil einer Dreiergruppe »Das reife Alter«, die einen älteren Mann, willenlos zwischen einer alten Frau, die ihn zu sich lockt und zieht, und einer knieenden jungen Frau, zeigt, welche bis zu diesem Moment versucht hat, ihn festzuhalten. »Die Flehende« ist eine eigenständige Ausgliederung aus dieser Gruppe, in welcher man sicher den biographischen Bezug zu dem Dreiecksverhältnis Rose Beuret – Rodin – Claudel sehen kann. Dieser »Flehenden« ist die Hand des Mannes soeben entglitten. Schon unerlösbar für alle Zeiten, ist sie in ihrer ungeschützten Nacktheit das vergebliche Sehnen, sie ist die jetzt gegenstandslose Abhängigkeit von dem Manne, der keinen eigenen Willen zeigt und ihr nicht antwortet. Sie stellt nicht ein Gefühl oder eine Situation dar, sondern ist in diesem Moment nichts anderes als dieses. Ihre Hände, deren Finger schon nach innen, zur Handfläche hin, sich zurückzuziehen beginnen, haben soeben begriffen, daß sie diesen Mann nicht mehr werden greifen können. Ihr Schmerz ist ihr so unabsehbar, daß es nicht die Frage ist, ob sie sich ob ihrer Selbst-Entblößung schämt. Dennoch ist sie nicht schamlos. Phantasien sind hier nicht anknüpfbar. Sie ist, was sie fühlt, und da heraus ist die Skulptur geschaffen.

In einer der Fassungen trägt sie ihr Haar geknotet und bewahrt damit bei aller Selbst-Entblößung ihre Würde. In einer anderen Fassung schlagen Haarsträhnen wie Schlangen um den Kopf – eine Vorahnung wohl, wohin dieser schmerzhafte Augenblick führen wird: bekanntlich in die Irrenanstalt. Es wäre ganz unsinnig und müßte zurückgewiesen werden, einem Mann, auch Rodin, das entsprechende oder korrespondierende Fühlen abzusprechen. Die These hier ist: Er würde sich damit nicht in dieser Unmittelbarkeit zeigen und entblößen, so leiblich, so mit allen Fasern. Man vergleiche nur seine Paar-Skulptur »Fugit Amor«, welche also das gleiche Thema anspricht wie »Die Flehende«. Hier rutschen zwei Leiber auseinander, ein zögerliches, halbherziges Festhalten bleibt für einen Moment zurück. Die Gefühlsseite, falls es eine gibt, kann man sich bestenfalls dazudenken.

Der Weg vom Mitvollzug oder eigenen Erleben eines Gefühlsvorganges bis zur Hand ist beim Mann zumindest weiter als bei der Frau, er erfordert zumindest Umwege oder er ist verstellt durch Scham.

– Du sprichst dem Mann also die sinnliche
Einfühlungsfähigkeit ab?
– Nein, nur Rodin.
– Trotzdem gilt wohl immer noch, was Karl
Kraus dazu meinte: »Der Mann bildet
sich ein, daß er das Weib ausfülle. Aber
er ist nur ein Lückenbüßer.«

Männlichkeit als eine bestimmte Weise des In-die-Welt-ge-stellt-Seins ist dasjenige, was wir in diesem Buch zu skizzieren versuchen. Nun ist das nicht das gleiche, wie über Männer zu reden. Denn erstens kann Männlichkeit nicht das einzige Bestimmungskriterium dafür sein, was einen Mann ausmacht. Kulturspezifische, zeit- und schichtspezifische und vor allem individuell-biographische Bestimmungen kommen hinzu und können, was Männlichkeit ihrem Wesen nach ist, nicht nur variieren, sondern können zu Ausprägungen führen, die das, was wir hier unter Männlichkeit verstehen, geradezu verdecken.

Zweitens kann Männlichkeit auch bei Frauen vorkommen: Ebenfalls durch biographische Konstellationen oder Ereignisse bedingt, kann eine einzelne Frau zu einer Haltung der Welt gegenüber kommen, die jener Haltung und Stellung gleichkommt, die wir hier Männlichkeit nennen. Frauen können offenbar aufgrund zum Beispiel emanzipatorischer Reflexionen und Erfahrungen, durch Umstände veranlaßt oder auch durch gezielten Beschluß zu einem Verzicht auf Weiblichkeit gelangen. Sie können sich dann gestellt sehen (wollen) zu sich und in der Welt in einer Weise, die absieht von den weiblichen Möglichkeiten, Leben zu empfangen, auszutragen und weiterzugeben. – Dies näher zu untersuchen, wäre interessant, ist aber nicht Gegenstand dieses Buches und steht vor allem männlichen Autoren nicht ohne weiteres zu bedenken.

Für unseren Zusammenhang von Gewicht ist aber, daß der umgekehrte Fall nicht vorkommen kann. Denn der existentielle und biologische Ausgangspunkt von Weiblichkeit ist für einen Mann nicht herzuholen. Zwar gibt es bekanntlich uns – und auch sich selbst – phänotypisch weiblich erscheinende Männer, aber deren weiblicher Gestus ist angeeignet, um nicht zu sagen aufgesetzt. Sie haben ihn abgelesen am Verhalten von Frauen. Charakteristischerweise geben sich weiblich sein wollende Männer betont weiblich; für den Betrachter sind sie in ihrem Gestus oft nahe der Übertreibung, wenn nicht der Karikatur. Offensichtlich wird hier das Grundgefühl überschrieen, daß es nicht möglich ist, als Mann in eine authentisch weibliche Haltung zu kommen. Selbst noch der Transsexuelle, der in seinem Leiden an der Diskrepanz zwischen männlichem Körper und weiblichem Selbstverständnis meint, durch chirurgische Eingriffe Weiblichkeit herstellen zu können, denkt typisch männlich: Er kann Weiblichkeit nur von außen, vom physischen Erscheinungsbild und vom Gestus her erfassen.

In diesem Zusammenhang erscheint es als besonders absurd und eben gegenstandslos, wenn Männer ihre »weibliche Seite« entdecken wollen oder sollen. Sehr wohl aber können einzelne Frauen das Männliche erfassen und auf ihre eigene Art leben.

Wir fassen Männlichkeit also als eine Disposition auf, von der »der Mann« ausgehen muß in seiner konkreten Ausgestaltung seiner Geschlechtsrolle. Was dann aber im Ergebnis zur Darstellung kommt, muß sich mit diesem Ausgangspunkt gar nicht decken. Denn was eine Epoche, ein soziologischer oder kultureller Zusammenhang aus dieser Disposition macht (oder nicht macht), das ist eine andere Sache. Unsere klassischen Männerbilder scheinen gerade hervorzugehen aus dem angestrengten Versuch, jene Grundtatsache zu leugnen, daß der Mann dem Leben ferner steht als die Frau.

Sicher ist es verkürzt – aber unter diesem Blickwinkel lassen sich Entstehung und Geschichte des Patriarchats als ein groß angelegter Leugnungs- und Kompensationsversuch auffassen. »Der Mann« kann Männlichkeit nicht abschütteln; er kann nicht auf sie verzichten, wie eine Frau auf Weiblichkeit verzichten kann. Aber er hat eine Menge Energie darein gesetzt, vor sich und »der Frau« (und den Kindern übrigens) so zu tun, als obliege ihm die Bestimmung über die Dinge des Lebens. Es war eine Illusion und Lüge. Illusion und Lüge aber sind immer der Hintergrund jedes Machtstrebens.

Heute nun scheint es an der Zeit, die Disposition Männlichkeit erkennend aufzugreifen und sie bewußt umzuwan-
deln in die Möglichkeiten der Individualisierung. Es käme dabei darauf an, von der besonderen Nähe zur Grenze aus, die
sich aus der Lebensferne ergibt, statt in die Zerstörung von Leben und in die destruktive Selbstbehauptung zu gehen, zur bewußten Radikalität zu finden, aus welcher konstruktive
Grenzüberschreitungen entstehen. Es liegt nicht notwendig
oder unweigerlich in der männlichen Disposition, physische
oder bürokratische Macht auszuüben, um – illusionärerweise
– damit jene vitale Selbstgewißheit zu erreichen, um welche
Männer Frauen insgeheim beneiden. Vielmehr käme es auf
den Verzicht auf diese Selbstgewißheit an und auf den Mut,
im Wahrnehmen, im Denken und im Handeln Grenzen zu
überschreiten, zu deren Überschreitung Frauen keine Notwendigkeit und Veranlassung sehen und zu der sie im ein-
fachsten Fall gar kein Bedürfnis zu haben scheinen.

Diese Ausprägung von Männlichkeit ist nun nicht neu.
Einzelne Künstler, Erfinder, Philosophen, religiös Handelnde
sind diesen Weg gegangen. Daß es in der überwiegenden Mehrzahl Männer waren, halten wir nicht einfach für eine Folge pa-
triarchalischer Verhältnisse (was es sicher auch ist), sondern
im Kern für eine konstruktive Verwandlung jener männlichen
existentiellen Vital-Labilität, wie sie Frauen im allgemein
fremd ist.

Grenzüberschreitungen geschehen aus der Labilisierung
heraus, nicht aus der Sicherheit und Selbstgewißheit. Schon
biologisch und schon vom Kindesalter an ist ein Mann in
diese Labilität gestellt. Die weit häufigeren Entwicklungs-
störungen – und -probleme beim männlichen Geschlecht
sind ebenso bekannt wie die im Vergleich zum Durchschnitt
der Frauen rapider abnehmende Vitalverfassung des älteren
Mannes.

Männliche Selbstgewißheit, die nicht Illusion wäre, ent-
stünde unseres Erachtens aus der Akzeptanz dieses Grund-
merkmals von Männlichkeit. Wenn es nicht etwas kitschig
klänge, könnte man von der »Heimatlosigkeit gegenüber dem

Leben« sprechen, welche die männliche Disposition mit sich bringt. Würde der Mann sich diesen Umstand klarmachen, wären Gewalt, Herrschaft und Gehabe überflüssig und männliches Erleben, Denken und Handeln wären künstlerisch und radikal und wären dem Eröffnen neuer Horizonte so nahe wie Weiblichkeit dem Erleben und Geben von Leben nahe ist.

```
- Deine umgearbeitete Vorbemerkung könnte,
vielleicht zusammen mit dem Text, den ich
Dir heute schicke, eine Art Zwischenstop
geben, eine mehr reflektierende Zone.
- Okay, hier also mein neuer Text. An einem
weiteren Text knabbere ich noch etwas.
Wie sieht es bei Dir aus? Was hältst Du
von einem Gespräch Anfang März?
```

· ·

Der kleine und der große Unterschied

Über Männer und Frauen zu schreiben ist merkwürdigerweise immer noch beliebt. Genauso beliebt ist der beflissene Eiertanz mit Buchstabe (MenschInnen), Schrägstrich (man/frau) oder der *long version* (Bürgerinnen und Bürger). Die Gleichberechtigung von Mann und Frau, die nun schon seit mehr als 100 Jahren versprochen und noch nicht eingelöst ist, muß anscheinend wenigstens auf dem Papier immer wieder beschworen werden. Die vielen einseitig männlich geprägten Wörter in unserer Sprache müssen aber nicht gleich als Diskriminierung aufgefaßt werden. Männer und Frauen haben unterschiedliche Rollen erfüllt und bleiben auch weiterhin unterschiedliche Wesen. Können wir eine neue und flexible Rollenverteilung und die überfällige Gleichberechtigung heute nicht auch ohne sprachliche Verrenkungen erreichen? Die Vergangenheit läßt sich jedenfalls auch auf diesem Wege nicht mehr an die gegenwärtigen Bedürfnisse nach Ausgewogenheit angleichen.

Der bittere Ernst, mit dem immer wieder versucht wird, zu- gleich mit der Angleichung von Worten auch die Angleichung der Geschlechter zu betreiben, nimmt manchmal allerdings groteske Züge an. Da gibt es mitunter Verrenkungen, die zu dauerhaften Haltungsschäden führen.

Über jedem Schreibplatz hängen heute die unsichtbaren Anweisungen zu einem seligen Umgang mit der Geschlechterfrage: Bloß nicht irgendwelche Einseitigkeiten betonen, vor allem natürlich keine kritischen Worte über Frauen, das gebietet schon der Anstand und das Abtragen jahrhundertealter patriarchaler Schuld. Immer wieder relativieren, bis die Sache so glattgebügelt ist, daß jede Aussage der *political correctness* zum Opfer gefallen ist.

Wir haben uns mit diesem Buch schon gleich am Anfang von derartigen Eiertänzen verabschiedet. Es hat zum Beispiel keine der oben beschriebenen Schrittfolgen gegeben. Dies ist ein einseitiges Buch, von zwei Männern aus ihrer persönlichen und unausgewogenen Perspektive geschrieben. Es hat weder den Anspruch, allgemeine Gültigkeiten oder gerechte Urteile zu enthalten, noch ist bei seinem Entstehen andauernd die Frage gestellt worden, wie denn dieses oder jenes Phänomen aus der Sicht einer Frau zu sehen wäre. Wer Spaß daran hat, kann ja selbst ein Buch darüber schreiben.

Wir haben eine ganze Reihe Bücher über Männer und Frauen gelesen, haben uns über manche Ansätze gefreut und über vieles geärgert. Daher nehmen wir uns das Recht heraus, weder die für uns einleuchtenden Gedanken aus der Literatur zu belegen, noch die gängigen Richtungskämpfe über biologische oder soziale Ursachen beziehungsweise Möglichkeiten der Beeinflussung von Rollenverhalten mitzumachen. Es ist für uns einigermaßen unerheblich, wer wann Richtiges oder Falsches zu den von uns behandelten Fragen gesagt hat. Ebenso spielt es für unsere Überlegungen eine untergeordnete Rolle, warum für uns die hier behandelten Themen als männertypisch erscheinen.

Zum Schreiben hat uns bewogen, daß unserer Wahrnehmung nach über die beflissenen Bemühungen um Ausgewogenheiten zwischen den Geschlechtern eine einfache, aber entscheidende Frage oft unbeachtet bleibt:

Warum reagieren wir eigentlich so unglaublich empfindlich, wenn wir als Frauen oder Männer angesprochen werden? Die persönlich erlittenen Benachteiligungen durch die Zugehörigkeit zu dem einen oder anderen Geschlecht allein können nicht der Grund sein. Die Intensität der emotionalen Betroffenheit, mit der auf scheinbar unausgewogene Beschreibungen von Geschlechterverhältnissen reagiert wird, muß noch andere Ursachen haben:

Jeder Hinweis auf unsere Geschlechtszugehörigkeit ist zugleich ein Hinweis auf das, was wir nicht sind. Das ist die einfache, aber sehr einschneidende Antwort. Die Tatsache, daß wir bei aller Liebe und allem Bemühen niemals wirklich nachfühlen können, wie es für uns wäre, mit dem jeweils anderen Geschlecht geboren zu sein, wiegt schwer. Wir wissen aber auch nicht, was wir als Frau oder Mann selbst sind. Daß wir mit dem einen oder dem anderen Geschlecht von Geburt her gesegnet oder geschlagen sind, macht die Sache nicht einfacher. Denn in der Suche nach mir selbst als Mann oder Frau tauchen jede Menge Unsicherheiten darüber auf, was das denn nun wirklich ist und inwieweit ich eigenen oder fremden Ansprüchen oder Bildern meiner Geschlechterrolle zu entsprechen bereit bin.

Vielleicht liegt der entscheidende Teil der Antwort auf die Ursache unserer Betroffenheiten in dem Zwiespalt zwischen der Unverrückbarkeit unseres Geschlechtes und der Undefinierbarkeit seiner Bedeutung. In der Tat sind wir unserer Weiblichkeit beziehungsweise Männlichkeit hilflos ausgeliefert, sie ist ein Stück von dem, was wir nicht ohne weiteres ändern können. Zugleich ist diese Seite unserer Existenz alles andere als vollkommen. In der einseitigen und andersartigen Ausprägung des Menschen als Mann oder Frau zeigt sich ja geradezu seine Unfertigkeit.

Plato schildert in seinem »Gastmahl« die Geschlechtertrennung als einen Eingriff des Zeus, der durch das Zerschneiden des ursprünglichen, mannweiblichen und runden Men-

schen in die zwei Geschlechter dem Menschen seine Kraft
nehmen wollte:

»*Mit diesen Worten zerschnitt er die Menschen in zwei Hälften, wie wenn man Früchte zerschneidet, um sie einzumachen. Sobald er aber einen zerschnitten hatte, befahl er dem Apollon, ihm das Gesicht und den halben Hals herumzudrehen nach der Schnittfläche hin, damit der Mensch seine Zerschnittenheit vor Augen habe und sittsamer würde, und das übrige befahl er ihm zu heilen.*«

Geschlecht wäre demnach eine Art pädagogischer Hinweis auf die Schwäche des Menschen, auf seine Verwundung durch die Götter.

Und daß der Griff in die Wunde weh tut, versteht sich schließlich von selbst.

Durch unsere Unvollkommenheit sind wir latent in unserer Würde verletzt und damit auch verletzlich. Zugleich ist sie der Stachel, der das Interesse am Frau- und Mannsein wachhält.

Man kann das auch anders beschreiben: Gegenüber unserer Geschlechtszugehörigkeit sind wir ziemlich vollständig unfrei. Auf diesem unfreien Bein erwischt zu werden, ist nicht gerade angenehm. Klar, daß das Gegenwehr hervorruft. Außerdem steht für uns die Freiheit hoch im Kurs. Welche Aussicht böte sich uns, wenn wir den Graben der Verschiedenheit von Mann und Frau einfach einebnen könnten, wenn der bewußte Unterschied so klein wäre, daß wir ihn einfach ignorieren könnten!? Faszinierend wäre es auch, wenn wir über unser Geschlecht verfügen könnten, wenn wir wählen könnten, was uns gerade als sinnvoll erscheint. Dann könnten wir uns ein Stück Souveränität erobern, das wir durch den rabiaten Eingriff des Zeus verloren haben.

Der andere Weg zur Selbstbestimmung führt über das Dasein eines fröhlichen Krüppels, über die Identifikation mit dem Zustand des Zerschnittenseins. Die Würde wird dabei nicht durch das Leugnen von Einseitigkeiten, sondern über das Erringen einer neuen Art von Freiheit gefunden: Nicht daß ich beliebig wählen könnte, was ich will, sondern daß ich gegenüber den vorgegebenen Tatsachen ein möglichst freies Verhältnis entwickele. Freiheit ist hier keine absolute Größe, sondern eine innere Haltung, in der ich mich immer wieder für einen Augenblick in Übereinstimmung mit mir selbst bringen kann.

Ein freieres Verhältnis zum eigenen Geschlecht, eine Versöhnung mit der Unfertigkeit, ermöglicht dann vielleicht auch einen freieren Umgang mit dem anderen Geschlecht. Der Streit über die kleinen Unterschiede wird unbedeutend gegenüber dem großen Unterschied, der durch eine neue Haltung zur Geschlechtszugehörigkeit möglich wird.

Die innere Souveränität und Freiheit des Mannes sich selbst gegenüber wird auf diese Weise der Frau nutzen – und umgekehrt.

Dieser Art von Befreiung ist dieses Buch gewidmet.

– *Du wolltest wohl den weiblichen Teil der Leserschaft wieder versöhnlich stimmen?*
– Ich gebe zu, daß bei mir das Bedürfnis nach Versöhnlichkeit (immerhin steckt da ja das Wort Sohn drin!) keine geringe Bedeutung hat. Ich brauchte und brauche immer wieder den Mut zur Einseitigkeit. Wichtiger ist mir aber gerade beim Schreiben das Ziel der Souveränität geworden, der Versuch der Selbstbestimmung trotz der Abhängigkeit von Einseitigkeiten.
– *Was ist mit Deinem anderen Text?*
– Noch nicht fertig, ich maile Dir mal den Torso.
– *Es wäre wirklich gut, wenn dieser Ansatz noch dazukäme.*
– Schaun mer mal!

Sind wir am Ende der Geschlechterdebatte?

»Was Mann oder Frau ist, kann man nicht allgemein sagen, das muß jeder irgendwie für sich selbst rauskriegen, oder so.« Mit diesem schwammigen Allgemeinplatz wird heute gern jedes Gespräch über Geschlechtszuordnungen abgewürgt. Da es ohnehin eine weitverbreitete Neigung ist, so viele Wahrheiten anzunehmen, wie es Menschen gibt, paßt dieses scheinbar individualistische Statement bestens ins Bild. Mir geht dabei zunehmend der mangelnde Mut zu eindeutigen Aussagen auf die Nerven. Bitte sehr, das Gegenteil wünsche ich mir genauso wenig: Jene pausbackig vorgetragenen Gewißheiten über die eindeutigen Charakteristika der beiden Geschlechter, die gleichfalls jede Art von Austausch überflüssig machen, denn es ist ja anscheinend alles sonnenklar.

Trotz aller immer noch tapfer geführten Dauerdebatten über erblich oder durch Sozialisation erworbene Geschlechterrollen ist für mich ein echter Fortschritt in der Diskussion über die Geschlechterdifferenzierung zwischen Mann und Frau nicht deutlich genug erkennbar.

Ich finde, es ist Zeit für eine ganz neue These:

Am Anfang des 20. Jahrhunderts, vielleicht zusammen mit dem Erscheinen des ersten nichtgegenständlichen Gemäldes im Jahre 1911, ist das bis dahin einigermaßen festgefügte Bild dessen, was Mann und Frau ausmacht, im besten Sinne des Wortes aus den Fugen geraten. Das Typische als solches existiert seither nicht mehr, oder es ist mindestens zur jeweiligen Identitätsbildung unbrauchbar geworden.

Die Parallele zu dem ersten abstrakten Bild ziehe ich dabei nicht zufällig: Der Kunstbetrachter kann mit dem Schritt der Auflösung die Aussage eines Kunstwerkes nicht mehr in der Reproduktion eines äußerlich wahrnehmbaren Objektes finden, sondern in der inneren Auseinandersetzung mit dem, was gerade das Offene im bildlichen Gegenüber darstellt. Damit wurde er aus der Rolle des passiven Zuschauers in die Rolle des Mitgestalters gelockt. Seither ist die Auflösung der ehemals ehernen Geschlechterzuordnungen unterschwellig Realität geworden. Von diesem Zeitpunkt an läßt sich die Identität als Mann oder Frau nicht mehr aus Gegebenem herleiten, ich muß sie mitgestaltend hervorbringen.

Durch die weitere Entwicklung ist diese Tatsache zwar immer wieder verdeckt worden, sie zeigt sich aber andererseits oft in den überraschendsten Phänomenen.

Da hat es zunächst die furchtbare Zeit der Restauration von ekelerregenden Geschlechterdefinitionen in der nationalsozialistischen Ideologie gegeben. Wie der Abfall vom Realismus zum Faschismus in der darstellenden Kunst zeigten sich auch in der Definition dessen, was Mann und Frau sind, monumentale Gebilde, die die innere Leere dessen, der sie mag, zu überschreien versuchen. »Mutterkreuz« und »Tod auf dem Feld der Ehre« sind gleichermaßen tote und abstoßende Bedeutungslosigkeiten im Hinblick auf die Frage, was Männlichkeit und Weiblichkeit im 20. Jahrhundert sein könnten.

Auf der anderen Seite ist auch für uns Heutige der Begriff der »Entarteten Kunst« zu einem Qualitätssiegel geworden. In dem, was der nationalsozialistische Staat abgelehnt und bekämpft hat, läßt sich allemal ein produktiver Ansatz finden. Die schöpferische Potenz, mit der die »Entarteten« sich der Realität der beschriebenen Auflösung überließen, macht deren Kunstwerke zu einer wesentlichen Wurzel für alles, was heute jenseits der Beliebigkeit postmoderner Kombinatorik im Kunstleben zu finden ist. Für die Selbstfindung der Geschlechter heute stellt der Nationalsozialismus ein nicht zu unterschätzendes Hindernis dar. Mit der gleichen Intensität, mit der in dem Verfemten das Gute gesucht werden kann, wird durch den Schock des Zusammenbruches 1945 alles tabuisiert, was jemals von den Nationalsozialisten positiv definiert und okkupiert worden ist.

Vielleicht deshalb auch der Rückschlag in der nächsten Generation, der ängstlich alle Unterschiede verwischen

möchte, nur um den Anblick der betonierten Bilder der Na-
zis vergessen zu können. Das harmoniesüchtige »Wir sind
doch letztlich alle Menschen, oder?« der Generation, deren
Väter und Mütter das Tabu im Gespräch über National-
sozialistisches verkörperten, war der Umschlag von dem
Gebrüll der Endgültigkeit in die Sprachlosigkeit der Verunsicherung.

Die positive Gegenströmung läßt sich in den emanzipato-
rischen Bestrebungen der Frauenbewegung seit den siebziger
Jahren des vorigen Jahrhunderts finden, auf die die zaghaften
Anfänge der Männerbewegung in den achtziger und neunziger
Jahren eine erste Antwort für die Männer versucht haben.
Heute gibt es sympathische Versuche, im Sinne eines ge-
schlechterdemokratischen Ansatzes Frauen- und Männerbewegung aufeinander zu beziehen. Die Heinrich-Böll-Stiftung
in Berlin versucht zum Beispiel, ein solches Modell in der Mit-
arbeiterschaft zu verwirklichen und veranstaltet entsprechende Fortbildungen.

Woher aber nehmen wir eine Generation später den Mut,
uns jenseits vom Kommando des Unverrückbaren und der Illusion scheinbar individueller Beliebigkeit in ein notwendig
diskursives Gespräch über die Entwicklung der Identität mit
dem eigenen Geschlecht zu begeben?

Mit der neuen Verliebtheit in biologistisch geführtes Ba-
steln am Körper (Schönheitschirurgie, genetische Manipula-
tion, Anti-Aging usw.) stellt sich ein Schatten der nationalsozialistischen Greuel in aktuellem Gewande vor. Statt sich
auf eine Auseinandersetzung mit der Begrenztheit der Körper
einzulassen, wird auf der Ebene der nackten materiellen Tatsachen Wunscherfüllung propagiert. In der Ignoranz gegenüber der Notwendigkeit, aus den männlichen und weiblichen
Möglichkeiten und Schwächen eine weitere Entwicklung zu
begründen, wird die Kraftlosigkeit des Tabus sichtbar, die die
Annahme von der Gleichartigkeit der Geschlechter mit sich
bringt. Das Ende des Fragens und Debattierens um die Geschlechterfrage markiert den Stillstand der Entwicklung und
wäre das Schlimmste, was uns passieren könnte.

Vielleicht ist auf der Basis der These von der kulturgeschichtlich notwendigen und Tatsache gewordenen Auflösung der festen Geschlechteridentitäten im Jahre 1911 die Geschichte der Geschlechterfrage im 20. Jahrhundert neu zu schreiben.

Dann wären wir noch nicht am Ende der Geschlechterdebatte. Das wäre ihr und uns zu wünschen. Nach Gebrüll und ängstlicher Sprachlosigkeit könnte es heißen: Auf in eine neue Runde!

- *Das Interview mit Joachim Keding habe ich Dir beigelegt. Ich finde, wir sollten es, wie besprochen, als eine Art Anhang aufnehmen.*
- Ich habe ihn ja neulich in Stuttgart kennengelernt und finde sein Thema auch aufgrund der Aktualität sehr wichtig für das Männerbuch.
   Ich gebe Dir Rückmeldung, wenn ich das Interview gelesen habe.

Die Wechseljahre des Mannes

Ein Interview mit Joachim Keding

M. W.: Mit welchen körperlichen Veränderungen haben Männer in den Wechseljahren zu rechnen?

Es gibt eine ganze Reihe von Erscheinungen, die mehr oder weniger stark, vorübergehend oder auch für längere Zeit auftreten können. Beispielsweise wird häufig ein allgemeiner Rückgang der Leistungsfähigkeit bemerkt. Tätigkeiten, die vor kurzem noch relativ problemlos bewältigt werden konnten, kosten plötzlich ungewohnte Anstrengung. Das kann sich beim Treppensteigen oder bei einer Freizeitbeschäftigung zeigen: Der Mann ist schneller aus der Puste und fühlt sich eher erschöpft. Zudem kann es Irritationen im Schlaf-Wach-Rhythmus geben. Das heißt, tagsüber hat er das Bedürfnis, sich auszuruhen oder ein Schläfchen zu machen, während er nachts nicht richtig in den Schlaf findet. Vorwiegend nachts kann es auch zu verstärktem Schwitzen kommen. Ferner zählen Erektionsstörungen und eine Schwäche oder gar der Verlust der Libido ebenso zu den klassischen Anzeichen der männlichen Wechseljahre wie ein gewisser Abbau der Muskelmasse.

Wie fühlt sich das von innen her an?

Männer fühlen sich in den Wechseljahren häufiger seelisch niedergeschlagen. Dieses oftmals länger anhaltende Stimmungstief kann auch von Gefühlen der Verzweiflung durchsetzt sein. Diese Verzweiflung, so sie auftritt, ist für den Mann schwer zuzuordnen, zumal sich im Außen kein konkreter Bezug finden läßt. Er kann sich kaum erinnern, solche Gefühlserlebnisse jemals gehabt zu haben. Eventuell kennt er solche Stimmungen noch aus der Pubertät. Diese Verzweiflung mani-

134 festiert sich oft im Zerrspiegel trübsinniger Gedanken, in denen er sich als Versager erscheint. Dabei spielt es keine Rolle, was der Mann im Leben tatsächlich geleistet hat. Nichts wird in dieser Stimmungslage vor seinem Selbstzweifel bestehen können. Oft werden von Männern auch ungerichtete Ängste formuliert. Insgesamt besteht ein Zustand des Mit-sich-nicht-Übereinstimmens, wie es für anstehende Wandlungsschritte ja typisch ist. Nur diese Dysphorie kann sich irritierend lange hinziehen. Verstärkt auftreten können auch Gedanken an den eigenen Tod. Das zunehmende Freiwerden körpergebundener Lebenskräfte im zweiten Erwachsenenalter bringt tendenziell auch eine gewisse Vergeßlichkeit mit sich. Während der Wechseljahre kann diese Erscheinung verstärkt auftreten. Manche Männer berichten dazuhin von einer Gereiztheit, die ziemlich unerwartet auftreten und sich an den banalsten Kleinigkeiten entzünden kann. Schließlich wird oft noch eine Unentschlossenheit bemerkt, wenn es darum geht, alltägliche Entscheidungen zu treffen.

Es liegt ja nahe, daß sich das Verhältnis des Mannes in den Wechseljahren zu seinen Mitmenschen ändert. Hast du hierzu Beobachtungen? Ändert sich zum Beispiel das Verhältnis zur Frau?

Das Kind ist in gewisser Weise noch ein ganzheitliches Wesen. Erst mit der Pubertät vollzieht sich die eigentliche geschlechtsspezifische Differenzierung. Diese erfüllt ihren Sinn in der reproduktiven Phase des Lebens. Für Kinder beispielsweise ist es von Bedeutung, das Weibliche und das Männliche in der Mutter und im Vater differenziert zu erleben. Wenn die Kinder dann erwachsen werden, ist diese Notwendigkeit so nicht mehr gegeben. Insofern sind die Wechseljahre auch nach dieser Seite hin ein sehr sinnvolles Ereignis. Die für die nachfolgende Generation zunächst wichtige Polarität Frau – Mann kann ein Stück weit wieder aufgehoben werden. Das ist meines Erachtens ein Kernstück der Wechseljahre: Der Körper gibt den Weg frei für eine neuerliche Ganzheit des Menschen.

Dieser Vorgang greift tief und hat für die Paarbeziehung natürlich Konsequenzen. Es ist, als dürften Frau und Mann aus dem
Exil der geschlechtsspezifischen Einseitigkeit zurückkehren.
Da liegt ein Versprechen darin, dessen Bedeutung es zu be-
greifen gilt.

Beim Mann ist zu beobachten, daß seine Rückkehr, sein
Nachhausekommen sich in verstärkten Bedürfnissen nach
Nähe, Zärtlichkeit und Sinnlichkeit ausdrückt. Das Zwi-
schenmenschliche wird ihm wichtiger. Eigentlich will er jetzt
von sich aus das, was sich seine Partnerin vielleicht in der
zurückliegenden Phase von ihm immer erhofft hat. Sie dagegen
wird während ihrer eigenen Wechseljahre sukzessive domi-
nanter, selbstbewußter und streift ihre Gefühlsbetonung zumindest teilweise ab. Sie wird politischer und entschlossener,
Dinge zu tun, die ihr persönlich wichtig sind. Er sucht eine
neue Beziehung zum Weiblichen in sich, während sie sich um
ihre männlichen Anteile bemüht. Man muß nur Paare in ihren
fünfziger Jahren wahrnehmen. Insofern ist das ein recht dyna-
mischer Prozeß, der eine Fülle von Chancen für eine Erneue-
rung der Paarbeziehung beinhaltet. Aber wie das im Leben so
ist: keine echte Chance ohne Risiko! Im Chinesischen gibt es
für diese zweigesichtige Situation auch ein passendes Wort:
weiji. Zusammengesetzt aus wei (Gefahr) und ji (Chance). Voraussetzung für eine konstruktive Bewältigung dieser Wand-
lungszeit im Leben eines Paares ist, daß beide um die Symp-
tome und den Sinn dieser Entwicklung wissen. Hier besteht
meines Erachtens ein gewisser Bildungsbedarf. Ich finde es
fragwürdig, daß immer weniger Paare ihre Beziehung über
diese Schwellensituation hinaus fortsetzen wollen und sich so
um die mögliche Erfahrung einer neuen Harmonie bringen, die
im ersten Erwachsenenalter so nicht zu erreichen war.

Ändert sich auch das Verhältnis zu Männern?

Wie eben erwähnt, positioniert die geschlechtsspezifische
Differenzierung während der reproduktiven Lebensphase den
Mann in eine biologisch bedingte Einseitigkeit. Das prägt im

ersten Erwachsenenalter sein Verhältnis zu anderen Männern. Unterschwellig existiert eine grundsätzliche Neigung, mit anderen Männern zu rivalisieren. Diese Grunddynamik, die man auch aus der Evolution nachvollziehen kann, ist geeignet, den jüngeren Mann zu großen äußeren Leistungen zu motivieren. Besser sein, schneller sein, potenter sein ... Für die Sicherung einer Existenzgrundlage der Familie ist diese Fähigkeit notwendig und somit gut. Diese Dynamik, in die der Mann im ersten Erwachsenenalter hineingestellt ist, macht ihn ja für unser gegenwärtiges Wirtschaftssystem so attraktiv. Mit der Rückkehr in die eigene Mitte verläßt er dieses Spannungsfeld und wird dadurch als Krieger im Wirtschaftsleben uninteressant.

Outplacementberater berichten, daß sich das Alter der geschaßten Manager kontinuierlich verringert. Vor Jahren war ihre Klientel noch um die 50 Jahre alt. Heute liegt der Durchschnitt bei 42. Die Wirtschaft, wie sie heute ist, kann eigentlich keine Menschen im ganzheitlichen Sinne gebrauchen.

Gleichzeitig bietet sich hier die große Chance, daß sich Männer im zweiten Erwachsenenalter untereinander freier, friedvoller und bewußter begegnen können. In neu zu schaffenden Foren, wo Männer kontinuierlich Austausch pflegen, an persönlichen Entwicklungsfragen arbeiten, sehe ich eine gute Möglichkeit, nicht nur für den einzelnen, sondern auch für die Entwicklung unserer Gesellschaft. Sie können – und das halte ich für eine Kulturaufgabe ersten Ranges – an der Weiterentwicklung der Daseinsform Mann maßgeblich mitarbeiten. Männer haben als Mentoren die Möglichkeit, aus der Überschau des reifen Mannesalters heraus den eigenen Söhnen, aber auch anderen jüngeren Männern (und Frauen) beratend und helfend beizustehen. Bislang sehen die Jüngeren die Älteren meist nur von hinten.

Eine positive Bewältigung der Wechseljahre hieße für mich, die fördernde Zuwendung zu der nachfolgenden Generation zu vollziehen. Hier und dort findet man heute schon Männergruppen, die in dieser Richtung nach Ansätzen suchen. Mein Appell an die Frauen ist, bereit zu sein, das Bild vom Mann, wie es sich vielleicht im ersten Erwachsenenalter manifestiert hat, grundsätzlich revidieren zu wollen. Das erleichtert es dem Mann, sich zu verändern. Man darf dabei nicht unterschätzen, wie stark die eigene Vorstellung – »So ist er eben« – wirkt. Der Mann hat mit den Wechseljahren die Chance, sich nochmals, zumindest teilweise, neu zu entwerfen. Die Erfahrung zeigt, daß seine Versuche, alte Muster zu überwinden, für Verunsicherung bei der Partnerin, den Kindern und Freunden sorgen kann. Schließlich war er in seiner Einseitigkeit auch eine feste Größe im sozialen Gefüge. Seine Veränderung verlangt auch die Veränderungsbereitschaft bei seinen direkten Mitmenschen.

Nehmen nach deiner Erfahrung die Partnerinnen die Wechseljahre ihres Mannes ernst, nehmen sie sie überhaupt wahr?

Nun, wahrgenommen werden diese Veränderungen am Partner wohl in den meisten Fällen. Ob sie ernst genommen beziehungsweise in einen Sinnzusammenhang eingeordnet werden können, ist eine andere Sache. Ich denke, Frauen und Männer sollten sich nicht nur für die eigenen Wechseljahre interessieren, sondern auch dafür, wie sich diese Entwicklungsphase beim Partner vollzieht. Ich habe den Eindruck, daß es hier noch an ausreichendem Verständnis mangelt.

Meiner Erfahrung nach sind Frauen heute immer weniger bereit, mit einem Mann zusammenzuleben, wenn dieser die anstehenden Entwicklungsherausforderungen nicht sichtbar annimmt. So auch in der Phase der Wechseljahre. Es muß erkennbar sein, daß er einen positiven Anteil zur Bewältigung der Krise leistet. Hier kann es zu erhöhten Spannungen in der Partnerschaft kommen, oder aber das Paar erkennt die Chance des biographischen Wandlungsmomentes und nutzt diese, eine neue Harmonie in der Beziehung anzubahnen. Mann und Frau streben in den Wechseljahren tendenziell jeweils in die Richtung, aus der die Partnerin beziehungsweise der Partner kommt. Da hat man sich doch etwas zu erzählen! Ein entsprechender Austausch kann bei beiden das Verständnis für das Menschsein enorm vertiefen.

Bei meinen Vorträgen fiel mir auf, daß gelegentlich Frauen in der abschließenden Fragenbeantwortung resümiert haben, sie hätten sich mehr medizinische Fakten gewünscht. Die gibt es natürlich. Aber das scheint mir nicht die vorrangige Fragestellung zu sein. Ich fürchte, das latente Bedürfnis, die Wechseljahre ganz medizinisch zu betrachten, hängt mit der teilweise sehr gelungenen Medikalisierung der weiblichen Wechseljahre zusammen, wie sie sich in den letzten Jahrzehnten vollzogen hat. Die Wechseljahre sind, wie die Pubertät, primär keine Krankheit, auch wenn es hier und dort sinnvoll ist, sich auch ärztlich begleiten zu lassen. Die Wechseljahre sind ein natürlicher biographischer Entwicklungsschritt.

Ändert sich eigentlich auch das Verhältnis zu Kindern?

Die Kinder befinden sich während dieser Lebensphase des Mannes manchmal noch in der Pubertät. Das trifft sich gut oder schlecht – wie man will. Für Dynamik ist jedenfalls in dieser Zeit innerhalb einer Familie gesorgt. Inwieweit sie für positive Entwicklung genutzt werden kann, ist eine andere Frage. Die Eltern in den Wechseljahren und die pubertierenden Kinder bewegen sich im Auf- und Abstieg des Lebens – wie schon gesagt – in dieser Zeit oft auf der gleichen Höhe.

Auch die Erziehungsfrage ist jetzt weitgehend abgeschlossen. Der Mann kann seinen Kindern noch Mentor sein. Er kann sie in ihrer Wirkung und in ihrem Verhalten spiegeln. Er kann Wege aufzeigen, Möglichkeiten anbieten – die Entscheidung bleibt doch zunehmend den Jugendlichen selbst überlassen. Eine neue Herausforderung ist dagegen jetzt die spirituelle Begleitung der Kinder.

Aber nicht nur zu den Kindern ändert sich das Verhältnis. Auch zu den eigenen Eltern, die, so sie noch leben, im höheren Alter angekommen sind. Hat man im ersten Erwachsenenalter vielleicht noch die Eltern leitbildhaft vor sich gehabt, kehrt sich nun das Verhältnis – gelegentlich auch sehr kraß – um. Ich denke dabei an Demenzerscheinungen im Alter. Auf der einen Seite hat man dann die pubertierenden Kinder – auf der anderen Seite die dementen Eltern. Eine merkwürdige Konstellation!

Ist das Thema »Wechseljahre des Mannes« im öffentlichen Bewußtsein schon angekommen?

Sicher. Es ist gegenwärtig bei den Medien sogar hoch im Kurs. Ob hier eine verstärkte Not bei betroffenen Männern wahrgenommen wird, oder ob ganz andere Motive hinter dieser Präsenz in den Medien stehen, ist schwierig zu beurteilen. Wenn ich die Kommunikationsstrategien verschiedener pharmazeutischer Weltkonzerne betrachte, sehe ich zumindest die Tendenz, die Männer in dieser Frage in eine ganz bestimmte Richtung zu lenken. Schließlich geht es hier um die Eröffnung von Weltmärkten mit Jahresumsätzen in Billionenhöhe!

Andererseits nehme ich auch in zunehmendem Maß eine konkrete Not bei Männern wahr, welche die Beratung aufsuchen. Diese tiefe Verunsicherung hängt meines Erachtens mit dem rasanten Verfall des klassischen Männerbildes zusammen. Eigentlich ist es schon zerfallen, wir haben es nur noch nicht wirklich bemerkt. Der Mann als Ernährer, Beschützer und Erzeuger hat faktisch ausgedient! Also, was bleibt dann noch übrig vom Männerbild, wie es posthypnotisch aus der Vergangenheit nachwirkt? Insofern bin ich recht froh, daß die Medien in dieser Form wirken. Nun geht es darum, in diesem medialen Wind mit Inhalten zu segeln, die eine positive Bewußtseinsbildung bei möglichst vielen Männern fördern.

Wie siehst du die Wechseljahre des Mannes auf dem Hintergrund einer menschenkundlichen Biografik?

Den Wechseljahren geht die Lebensmittekrise voran. Die Lebensmittekrise bringt, so sie konstruktiv bewältigt wurde, eine größere Souveränität der Seele mit sich. Das Wissen um diese Tatsache ist alt und in vielen Zitaten großer Denker gespiegelt zu finden. Dieser Emanzipation im

140　Seelischen folgt mit den Wechseljahren eine Emanzipation vom Körperlichen. Danach, und diese Phase sollte in die Betrachtung immer miteinbezogen werden, kommt die Chance einer geistigen Souveränität. Voraussetzung ist, daß die vorangegangenen Phasen bewältigt worden sind. Geschieht dies nicht, kommen die unbewältigten Themen zu einem späteren Zeitpunkt wieder. Meist ist die Krise dann größer und destruktiver, als sie – zur rechten Zeit angegangen – hätte sein müssen.

Die fünfziger und sechziger Jahre können im Leben des Mannes eine sehr schöpferische und tief befriedigende Phase sein. Hier sehe ich eine große Bildungsaufgabe unserer Zeit: Prozeßbeschreibungen dieser Phasen im Männerleben zu geben. Es ist im übrigen immer wieder erstaunlich, wie offen Männer sich über diese Fragen auszutauschen bereit sind. Vorausgesetzt, man spricht sie in der geeigneten Weise an.

Würdest du, biographisch gesehen, zwischen den Wechseljahren und der Pubertät eine Parallele oder Entsprechung sehen?

Pubertät und Wechseljahre sind die Pforten an Beginn und Ende der eigentlich reproduktiven Lebensphase des Menschen. Daß der Mann über die Wechseljahre hinaus zeugungsfähig bleibt, ist eine Freiheit, die diesem Bild nicht widerspricht.

Die ersten Jahre der reproduktiven Lebensphase sind geprägt von einer gewissen Krisenhaftigkeit. Der jugendliche Mensch muß sich während der Pubertät zunächst an die Teilhabe an den reproduktiven Energien gewöhnen. Teilweise wird er von diesen elementaren Gewalten heftig herumgewirbelt, bis er gelernt hat, diese einigermaßen souverän zu beherrschen. Dieses Eintauchen und die damit verbundenen Turbulenzen münden um das 20. Lebensjahr herum in eine erste Mündigkeit als eigenständige Person.

Mit den Wechseljahren endet die reproduktive Phase, zumindest wenn sich ein etwa gleichaltriges Paar treu bleibt. Wieder haben wir eine Krisenzeit, die teilweise deutlich an Erlebnisse der Pubertät erinnert. Man kann sich folgendes Bild dazu vorstellen: Mit der Geburt werden wir – vom Himmel kommend – auf einem Berg abgesetzt und langsam Richtung Tal geführt. Irgendwann auf dem Weg in die Niederungen haben wir eine Region zu durchschreiten, in der die Vegetation beginnt. Durch diese elementare Erfahrung mobilisieren wir Kräfte, die wir bei der Bewältigung der Anforderungen im Tal des Lebens brauchen. Mit der Lebensmitte haben wir die Talsohle erreicht, und der langsame Aufstieg steht an. Wieder müssen wir beim Aufstieg durch dieselbe Region hindurch, was wir jetzt als Wechseljahre erleben. Wieder sind wir ähnlichen Turbulenzen ausgesetzt. Ging es beim Abstieg um die persönliche Identitätsfindung in der irdischen Welt, geht es beim Aufstieg um das Relativieren dieser entwickelten Identität, letztlich um ein Sich-Finden im großen Selbst durch die Erfahrung des Menschheitswesens. Insofern kann man den Begriff »Erdenreife« (Pubertät) um den Begriff »Himmelsreife« (Wechseljahre) ergänzen. Man muß sich nur die Ewigkeitsstimmung des Hochgebirges in Erinnerung rufen. Wie sich das Leben im Tal von oben betrachtet wohltuend relativiert. Wie eine Klarheit und heitere Ruhe in die Gedanken einziehen kann.

Die Anti-Aging-Welle ist auf weiten Strecken der Versuch, den Älteren den Aufstieg in diese Region auszureden. Natürlich sollte man offen sein im Hinblick auf neue Impulse für das eigene Lebenskonzept, wenn man bedenkt, daß wir einer durchschnittlichen Lebenserwartung von bald 100 Jahren entgegengehen. Das allein irdisch fixierte Festhalten am Jungbleiben hat jedoch einen hohen Preis: Man wird möglicherweise um die das Leben krönende Teilhabe am Sinn der Erdenentwicklung gebracht, wie sie im richtig vollzogenen Altwerden in besonderer Weise erst erfahren werden kann.

Was bewegt Männer, die in den Wechseljahren stehen, sich Orientierung und Beratung zu suchen?

Die Fragen des Mannes beziehen sich oftmals auf Schwierigkeiten, die sich aus der Rückkehr aus dem Exil der genannten Einseitigkeit ergeben, zumal diese Entwicklung unter Män-

142 nern noch wenig thematisiert wird und sie von daher überrascht. Die Wechseljahre oder überhaupt das zweite Erwachsenenalter bringen auch Veränderungen in der Sexualität des Mannes mit sich. Mögliche Erektionsstörungen beispielsweise sind für Männer doch eine sehr einschneidende Erfahrung. Das vertrauensvolle Gespräch mit dem männlichen Berater hat hier eine große Bedeutung. Ich rate zu frühzeitigen Gesprächen, denn Impotenz kann erfahrungsgemäß leichter vermieden als behoben werden. In der Beratung geht es darum, das Bewußtsein für die aktuelle Position im Lebenslauf zu wecken. Es gilt Abschied zu nehmen vom Leistungsdenken des jungen Mannes. Dieses Bewußtsein kann zu den inneren Quellen führen, die den Mann eine altersgemäße Sexualität entwickeln lassen – eine Sexualität, die ihn stärkt und erneuert und ihn nicht resigniert, einsam und müde zurückläßt.

Natürlich wird in der Beratungsarbeit oft auch ein Resümee des ersten Erwachsenenalters gezogen. Was habe ich geleistet? Was war schön, worunter habe ich gelitten? Was ist aus meinen Idealen geworden? Welche unerfüllten Sehnsüchte leben in mir? Was gibt mir Kraft für die Zukunft? Welche neuen Ziele will ich mir setzen? – Die Auseinandersetzung mit den eigenen Wechseljahren ist sicher eine der großen Chancen für einen Mann, zu sich selbst zu finden und damit auch für sich neu – und vielleicht unbefangener – herauszufinden, was er unter »Männlichkeit« verstehen will.

– Es ist sehr gut, daß auf diese Weise nicht nur über die Jungen, sondern auch über das Alter des Mannes gesprochen wird. Durch das Fenster eines dritten Mannes kommt da noch einmal ein ganz anderer Ton in das Buch.

Wie Jungen zu Männern gemacht werden

Jungenpädagogische Streifzüge – eine Vorbemerkung

Die Erziehung von Jungen zu Männern gründet sich auf die Bilder, die wir vom Mann haben. Das gilt auch, wenn diese Bilder nicht bewußt reflektiert werden oder die Erziehung sich nicht spezifisch an Jungen orientieren will. Daß im Laufe des letzten Jahrhunderts das »klassische« Männerbild zerbrochen ist und die Einzelteile noch lange nicht den viel beschworenen »neuen Mann« ausmachen, liegt auf der Hand. Nach welchen Bildern und mit welchen Gesinnungen betreiben wir heute die Erziehung vom Jungen zum Mann?

In den Augen vieler Pädagoginnen und Pädagogen gelten die Jungen immer noch als die zu bändigenden Wilden. Wo der Zugriff möglich ist, werden sie systematisch in Schach gehalten, damit der Ausbruch der in ihnen schlummernden Zerstörungskraft unterbunden werden kann. Folgt man dieser alteingesessenen Erzieherlogik, dann muß etwas außerordentlich Gefährliches in den werdenden Männern stecken, dem nur durch eine groß angelegte Verhinderungsstrategie gegengesteuert werden kann. Allenfalls sind ihnen Reservate zuzugestehen, damit sie sich dort einmal so richtig austoben und hinterher wieder gut zu gebrauchen sind.

Aber wie ist es mit den anderen Jungen? Mit denen, die krank werden und bei etwas Fieber gleich den großen Weltschmerz bekommen, die haltlos dem verpaßten Bus hinterher schluchzen und als ertappte Übeltäter kleinlaut Besserung geloben?

Werden sie bemerkt? Wird erkannt, daß sie eben gerade nicht die anderen Jungen sind, sondern die gleichen Wilden, nur in einer weniger beachteten Rolle? Daß der große Heuler nur die Kehrseite vom kleinen Supermann ist, der gerade vorher noch mit mächtigem Getöse den Helden spielen wollte?

Werden sie nicht als »Weicheier« denunziert, als Memmen, die keinen Anspruch auf Männlichkeit erheben können, dann macht man sich bestenfalls über sie lustig.

Dabei könnte der Blick hinter die Fassaden der kleinen Machos mit ihrem lautstarken Gebaren eine wichtige Erkenntnis vermitteln: Hier wird das Zerbrechliche ihrer inneren Natur sichtbar, das sonst zur Aufrechterhaltung des Bildes vom starken Mann mit peinlicher Sorgfalt versteckt werden muß. In dieser Entdeckung scheint mir der entscheidende Schlüssel zum Verständnis von Jungen zu liegen. Die Diskrepanz zwischen ihrem raubauzigen Gehabe und dem verletzlichen Kern ruft nach einer entsprechenden Differenzierung in der Haltung der Erziehenden.

Mit Zartgefühl gilt es, auf die unentwickelten Seiten des Gegenübers im Versuch der Empathie einzugehen. Dieser erste Schritt der Wahrnehmung ist die Grundlage, auf der alles Weitere aufbauen könnte. Durch das Annehmen entsteht ein Raum, zunächst im Erwachsenen, in dem ein Verständnis für die von Spaltung bedrohte innere Gestalt des heranwachsenden Jungen möglich wird.

Zu ihrer Entfaltung ist aber ein weiterer, fundamental anderer Schritt nötig: Der innere Verständnisraum muß zum Zugestehen äußerer Entwicklungsräume führen, in denen die Selbstfindung sich ungestört von der Einmischung der Erwachsenen vollziehen kann. Dem Annehmen des Jungen muß die Selbstbegrenzung des Erwachsenen folgen. Durch die Gebärde der Abgrenzung entsteht der Freiraum, in dem der Junge seine eigenen Schritte zu sich selbst machen kann.

Gefragt sind also keine Reservate für die zu entwickelnde Spezies Mann, in denen nach Vorgaben der Erwachsenen ein paar Erfahrungen gemacht werden können, sondern echte Erprobungsräume, in denen Eigenständigkeit mit den dazu gehörenden Siegen und Niederlagen erkämpft werden können. Wildsein gehört dann nicht zu den auszumerzenden Eigenschaften des Tieres Mann, sondern es gibt den Jungen Kraft, auch und gerade in den Schmerzerfahrungen des Verlierens ihre Suche nach sich selbst nicht aufzugeben.

Daraus wird klar, daß es kein genormtes Erziehungspro- 145gramm geben kann, mit dem die Entwicklung vom Jungen zum Mann erfolgreich gelingen könnte. Vielmehr ist das Aufschließen von Erfahrungsräumen und die interessevolle Begleitung aus dem Abstand der verantwortlichen Erwachsenen das methodische Handwerkzeug, mit dem gearbeitet werden kann.

Angst

Ein Dreh- und Angelpunkt in der Entwicklung vom Jungen zum Mann ist die Angst.

Einmal wirkt sie, wie gerade gezeigt, als Angst der Erwachsenen vor den unberechenbaren Seiten der Jungen. Diese Angst ist der Motor unterdrückender Erziehung und erzeugt neue Angst in den Jungen. Die Jungen versuchen dann häufig, ihre Angst durch großspuriges Verhalten zu übertönen, das berühmte laute Pfeifen im Wald. Die Neigung zur Gewalt wiederum verängstigt die Erziehenden – eine Angst-Gewalt-Spirale.

Die Angst des Jungen entspringt der fortwährenden Unsicherheit, in seiner Existenz als werdender Mann nicht anerkannt zu sein, auch und gerade, wenn sich nicht ohne weiteres beschreiben läßt, was das Mannsein denn nun sein soll. Eine andauernde Unruhe über die Gewißheit der Existenz verlangt nach immer neuen und immer deutlicheren Bestätigungen. Mann will Erfolg haben.

Bei dieser Grundangst geht es weniger um die Furcht vor irgendeiner konkreten Gefahr, sondern vielmehr um ein der Scham sehr nahes Gefühl des möglichen Ungenügens.

Der 16-jährige Uwe erzählt voller Stolz von seiner Freundin, mit der er jetzt gehe. Da sei aber etwas, das er nicht verstanden hätte. Sie habe immer wieder zu ihm gesagt: »Ich liebe dich.« Er hätte nicht begriffen, was das sei: »Das war mir so peinlich, daß ich ihr beinahe eine reingeschlagen habe.« In verblüffender Aufrichtigkeit erscheint in diesem Satz der Zusammenhang von Scham, Angst und Gewalt. Entgegen der oberflächlichen Vermutung, Gewalt sei ein Ausbruch von

Kraft, die seelisch angestaut war, zeigt sie sich hier als letzter Ausweg, als letztes Mittel, die eigene Schwäche nicht bemerken oder gar zeigen zu müssen. Wer gewalttätig ist, beweist damit keinerlei Stärke, er offenbart nur den Ausverkauf an Alternativen, sich zu artikulieren. Die Geschichte des Jugendlichen ging übrigens gut aus: »Schließlich habe ich sie gefragt, was das heißt. Sie hat es mir erklärt, und jetzt sage ich auch immer: Ich liebe dich.«

Daran wird vielleicht deutlich, daß Gewalt nicht nur die Kehrseite der Angst ist, sondern daß Angst eine sich vervielfältigende Macht der sozialen Zerstörung ist. Der oben erwähnten Angst-Gewalt-Spirale ist jeder ausgesetzt, der Jungen erzieht. Wie kann der Mechanismus solcher Zwangsläufigkeit abgestellt werden, mit welchen »Engelskreisläufen« kann den Teufelskreisläufen aus Angst und Gewalt entgegengewirkt werden?

Das Grimmsche »Märchen von einem, der auszog, das Fürchten zu lernen« erzählt die Geschichte eines Jungen, der die Angst nicht kennt. Der Held ist weise genug, zu bemerken, daß dieser Zustand nicht etwa ein Glücksfall, sondern eine seelische Behinderung ist. So ruft er auf seinem Weg durch mancherlei schreckliche Erfahrungen immer wieder aus: »Wenn mir's nur gruselte!«

Mit diesem Schlachtruf ziehen übrigens bis heute Filmemacher und Zuschauer durch zahllose Horrorfilme. Dort begegnet Mann dem Gefühl der Angst im geschützten Rahmen des Mediums. Hier gibt es noch Abenteuer zu finden und zu bestehen, und in der Tat haben manche Kinobesucher nach dem bestandenen Angsttrip wenigstens subjektiv etwas breitere Schultern bekommen. Man möchte ihnen wünschen, daß auch in ihrer »echten« Lebenswelt genügend Abenteuer für sie bereitstehen.

Zurück zum Märchen: Alle Welt hält den jungen Mann, der mit Leichen und Gespenstern im besten Sinne spielerisch umgehen kann, für einen mutigen Menschen. Nur er selbst weiß, was ihm fehlt: Ohne das Gefühl der Angst kann er auch andere Gefühle nicht wirklich erleben. Die Auflösung seines außergewöhnlichen Leidens kommt dann schließlich überraschend harmlos daher: Kleine Fische,»Gründlinge« aus dem Bach, die ihm seine Frau mit dem Wasser ins Bett schüttet, das zappelige kleine Leben selbst, vermittelt von einer Frau, schenkt ihm endlich das herbeigesehnte Gefühl: Die Angst vor der Veränderung, die das Leben mit sich bringt, vor der Eigenbewegung dessen, was wir gerne steuern würden, eine Angst für Männer, um die sich der Auszug gelohnt hat.

Die erste Lektion im Umgang mit der Angst – es klingt sehr einfach – ist das Zulassen der Angst. Die fatalste Angst, die Angst vor der Angst, verhindert den Teil in uns, der ausziehen möchte, um das Fürchten zu lernen. Wer versucht, sich seine Angst zuzugestehen, der hat die Chance, mit der Angst leben und umgehen zu lernen.

Das Mädchen Johanna von Orléans erzählt König Karl von Frankreich von derartigen Erfahrungen – so zeigt es jedenfalls Jean Anouilh in seinem Drama »Jeanne oder Die Lerche«:

Ich will es dir anvertrauen, mein Geheimnis. Du mußt es nur einmal versuchen. Du sagst dir: Gut, ich habe Angst. Richtig Angst. Noch ein paar Sekunden – so ... und jetzt, nachdem ich lange genug Angst gehabt habe, leere ich meine ganze Angst aus, und jetzt los und drauf.

Karl hält dieses Geheimnis für reichlich unbrauchbar. Es läßt sich auch eigentlich nicht beschreiben. Da es um eine Ich-Leistung geht, kann man es nur selbst ausprobieren.

– ... die Angst vor der Scham. Sie ist es, die die Selbst-Reflexion lähmt. Daher die ständige Offenheit für Fremddefinitionen des Mann-Seins.

Welchen Mann hätten Sie denn gern?

»Was ist denn nun eigentlich der Mann?« Diese Frage, die in Seminaren zur Jungenpädagogik oft gestellt wird, ruft in mir, obwohl ich sie längst kenne, immer wieder eine gewisse Verunsicherung hervor. Jeder Versuch einer eindeutigen Antwort verstärkt dieses Gefühl, so daß ich meistens antworte: »Ich weiß es nicht.«

Ist der Mann oder Männlichkeit beschreibbar? Sehr viele verschiedene Möglichkeiten des Mannseins erscheinen in der Umgebung der Erwachsenen wie auch in der Welt der Jungen: An der Literatur, der Werbung, an tausend Kleinigkeiten des Alltags und an allerlei Vorbildern, echten und ausgedachten, orientieren sich die Vorstellungen, die wir vom Mann haben. Das klassische Männerbild des starken, selbständigen und abenteuerlustigen Helden ist dabei genauso gegenwärtig wie die Sehnsucht nach »neuen« Männern – was immer damit gemeint sein soll. Daß dabei die Lieblingstypen der Jungs oft andere sind als etwa die der Mütter, macht die Sache nicht einfacher.

Hinzu kommt, daß die Bilder nicht klar und reflektiert, sondern gerade in bezug auf Männlichkeit oftmals eher verschwommen wahrgenommen werden. Es wird gern davon gesprochen, daß die Geschlechterdifferenzierung für die Erziehung unbedeutend sein sollte. An die Koedukation von Jungen und Mädchen haben wir uns so gewöhnt, daß geschlechtsspezifische Fragen in der Pädagogik lieber ausgeklammert werden. Je mehr jedoch diese Fragestellungen auf der bewußten Ebene ausgeblendet werden, um so gründlicher und eventuell störender machen sie sich unterschwellig geltend.

Bei der Frage nach der »eigentlichen« Wirklichkeit des Mannseins sind mindestens drei Aspekte zu unterscheiden:

Erstens: Die Tatsache der Verkörperung in einem männlichen Leib gibt spezifisch männliche Bedingungen auch für das Seelisch-Geistige des betreffenden Menschen. Der Mann ist also nicht nur körperlich männlich, sondern seine Organisation wirkt auf sein ganzes Wesen. Wenn wir davon ausgehen, daß im Seelischen »Männliches« und »Weibliches« bei Mann und Frau gleichermaßen vorhanden ist, dann bedeutet die Verbindung mit dem Körper eine nicht zu unterschätzende Grundlage für die Kultur der jeweiligen seelischen Anteile.

Zweitens: Was letztlich in das Selbstverständnis eines Jungen oder Mannes von sich selbst eingeht, hängt davon ab, wozu er einen konkreten Bezug in seiner Biographie herstellt. Es liegt auf der Hand, daß die Verbindung mit männlichen Identitäten nicht nur bewußt, sondern häufig gerade unbewußt gesucht wird. Die Vielfalt der möglichen Facetten der jeweils zu gewinnenden Identität als Junge beziehungsweise als Mann erscheint sicherlich um so weniger problematisch, je offener und freier der Zugang gefunden wird.

Drittens: Was ein Junge oder Mann sein soll, wird je nach Standort sehr unterschiedlich erlebt: In Familie und Schule, auf der Straße und unter Freunden, überall stellen jeweils andere Bilder die Regeln und Bedingungen her, nach denen zu leben wäre. Nicht selten ist dann das konkrete Verhalten je nach dem Raum, in dem sich der Junge beziehungsweise Mann aufhält, so verschieden, daß für den Beobachter ein Zusammenhang nur schwer erkennbar ist. Schon Jungen haben häufig das Bedürfnis und eine entsprechende Begabung, zwischen verschiedenen Teilen ihrer Identität zu trennen. Daß darin die schon früher erwähnte Tendenz zur Spaltung liegt, wissen wir nicht erst seit »Dr. Jekyll und Mr. Hyde«.

Die Schwierigkeit der vielen, auch widersprüchlichen Bilder ist aber nicht ihre Existenz, sondern erst die Wirkung, die entsteht, wenn sie unreflektiert oder unausgesprochen aufgenommen werden.

Den heranwachsenden Männern würde das Bejahen der Vielfalt und die Lust an der Spannung zwischen Polaritäten das Leben sehr erleichtern. Weniger hilfreich für die Jungen sind jedoch Doppelbotschaften, von denen ein Teil deutlich artikuliert wird, während der andere stillschweigend erwünscht oder nur angedeutet bleibt.

Als ein Beispiel für die Komplexität der Erlebnisse mag das Folgende gelten: Eine Mutter bemerkt, wie ihr Sohn dem kleinen Bruder das Streitobjekt Spielzeug kommentarlos aus der Hand windet. Sie reagiert spontan: »Warum bist du immer so grob? Man kann doch reden und sich friedlich einigen.« Als aber das gleiche Kind eine Viertelstunde später weinend von draußen hereinkommt, weil ein Nachbarkind zugeschlagen hat, heißt es: »Du darfst dir aber auch nicht alles gefallen lassen!« Was gilt nun? Der friedfertige Versuch, zu reden – oder die Gegenwehr mit der Faust?

Ein Dilemma für viele Jungen besteht heute darin, daß die »weichen« Werte deutlich und lautstark gefordert werden – zum Teil unter scharfer Sanktionierung unakzeptierten, weil »gewalttätigen« Verhaltens, während unterschwellig zum Beispiel Ellenbogenverhalten positiv bewertet, aber nicht ausgesprochenermaßen belohnt wird. Der Junge soll zwar lieb sein – aber doch irgendwie ein ganzer Kerl.

Das Bild, das sich die Mutter von dem zukünftigen Mann macht, ist geprägt durch die Begegnung mit mindestens zwei anderen Männern: dem eigenen Vater und dem Vater des Kindes. Die Mutter selbst kann aber für die Entwicklung des Jungen zum Mann kein Vorbild sein. Für die Jungen ist das um so fataler, als wir die Erziehung von Kindern gesellschaftlich immer noch überwiegend den Frauen überlassen.

Die Mutter ist für den Jungen letztlich das Fremde, gegenüber dem die Reifung zum Mann aus der Distanz geschafft werden muß. Diese Distanz kann vom Jungen erst nach und nach aufgebracht werden, sie kann aber von der Mutter aus gelebt und eingeübt werden in der Zurückhaltung gegenüber dem, was ein Einwirken in diesen Entwicklungsaspekt der Jungen darstellt. Das gilt um so mehr, als der Junge in seiner Männlichkeit natürlich auch für die Mutter ein Fremder ist und der Versuch des Einfühlens nicht auf eigene Erlebnisse in der Kindheit zurückgreifen kann.

Dem steht ein oftmals sehr hoher Anspruch der Mütter gegenüber, sich aktiv formend in die Erziehungsaufgabe einzubringen. Schließlich möchten sie ihre Aufgabe als Erziehende gut machen und durch ihre Arbeit das Fragwürdige am Männerbild ein wenig ausgleichen helfen. Daß aber zum Beispiel der Versuch, aus dem muffeligen kleinen Mann nach der Schule ein paar verbalisierte Gefühle herauszubekommen, zu einer Igel-Haltung des Jungen führt, macht deutlich, daß oft mit dem Formenwollen außer Gegenwehr nichts zu erreichen ist.

Heißt das nun, daß auf jede intentionale Erziehung zu verzichten sei und nur noch abgewartet werden kann, was sich von allein entwickelt? Keineswegs, stellt doch die Konfrontation, die Begegnung mit dem Fremden auch in der Intention der Erziehenden eine Möglichkeit für die Jungen dar, das Eigene zu entwickeln.

Daß zu der Fähigkeit, sich zu ändern, auch die Konflikte mit anderen notwendig dazugehören, wird nicht so einfach und gern reflektiert. Sie machen aber vielleicht eine spezifisch »männliche« Komponente der Entwicklung aus.

Wem die Zeit zu lang wird, auf die aus eigenem Antrieb vollzogenen ersten Schritte der Veränderung und Entwicklung von Jungen und Männern zu warten, sei die Beschäftigung mit folgendem polaren Ansatz zur Bejahung des Gewordenen und zur Möglichkeit des Neuen empfohlen:

Der ehemalige Neonazi Ingo Hasselbach schreibt in seinen Erinnerungen an den Ausstieg aus der »rechten Szene«:

»Meine Freunde akzeptieren mich so, wie ich bin, und nur deshalb kann ich mich ändern.«

Sexualpädagogik aus Jungensicht

Was hat Sexualität mit Kartoffelschälen zu tun? Wenn wir von Sexualität reden, reduzieren wir die Sinnlichkeit allzu leicht auf den Geschlechtsakt und sein allernächstes Umfeld. Dabei sind die Sinneserfahrungen des Alltags ebenfalls lust- oder schmerzvolle Berührungen unseres Körpers mit der uns umgebenden Welt.

Kinder haben dazu ein unmittelbares Verhältnis: Sie sind in hingebungsvoller und zugleich selbstverständlicher Art allem Sinnlichen zugeneigt. Eine vollkommen ungespaltene Sinnlichkeit, zu der wir Erwachsenen nicht mehr in der Lage sind. Sie erleben mit ihrem Leib die bunte, duftende, zarte und kantige Welt. Wichtig scheint zunächst, was gefällt und wo die unangenehme Seite dessen ist, was es an und mit unserem Körper zu erleben gibt. Beide Erfahrungsrichtungen werden immer wieder aufgesucht. Daß wir Erwachsenen manche Sinneserlebnisse als gut und andere als schlecht bewerten, ist unser gutes Recht. Darin kann sich aber auch bemerkbar machen, wo wir im Verhältnis zu unserer Sinnlichkeit irritiert und gekränkt worden sind.

Die erste und vielleicht wichtigste sexualpädagogische Aufgabe besteht darin, Kindern den Reichtum an sinnlichen Wahrnehmungen nicht zu verbauen. Teilen wir den Leib in den »guten« oberen Teil und den nicht zur Diskussion stehenden Bereich »untenrum«, greifen wir bereits in die unbefangene Art ein, mit der Kinder allen körperlich-sinnlichen Erlebnissen begegnen. Das gleiche gilt für positive und negative Bewertungen von Lust und Schmerz. Was gibt es nicht alles zu erfahren: Hunger und Durst genauso wie das Gefühl, pappsatt zu sein. Bauchschmerzen fühlen sich dumpfer an als Zahnweh, verschwitzt nach dem Ballspiel riecht man anders als frisch gebadet.

Schon früh sind Kinder imstande, die Grenzen dessen abzustecken, was sie sich dabei zumuten mögen. In dieser Richtung können wir sie unterstützen oder aber auch mit der Überlegenheit des Erwachsenen unsere Wertmaßstäbe durchsetzen. Da wird aus Sorge manches unterbunden, was dem Kind zu einer besseren Selbsteinschätzung verhelfen könnte. »Das kannst du noch nicht!« müßte oftmals »Das traue ich dir nicht zu!« heißen. Das gut gemeinte Behüten vor »negativen« Erfahrungen stellt nicht selten eine Verhinderung des Lernens dar.

Andererseits leisten sich Erwachsene ohne Scheu und gegen den Willen der Kinder Übergriffe auf den kindlichen Körper: Wenn die Tante beim Besuch das Kleinkind an ihre Brust drückt und ihm einen schmatzenden Kuß verabreicht, wobei das Kind seinen Widerwillen zeigt, dann haben wir die Wahl. Darf das Kind bestimmen, was mit ihm und seinem Körper geschieht? Oder sagen wir: »Laß mal, die Tante meint es doch gut mit dir!« Das ist eine sexualpädagogische Fra-

gestellung ersten Ranges. Im einen Fall wird dem Kind signalisiert, daß Fremde über seinen Körper bestimmen dürfen. Machen wir die Tante darauf aufmerksam, daß die Begrüßungs-
szene für ihr Gegenüber offensichtlich zuviel ist, dann
gestehen wir dem Kind das Recht zu, selbst zu bestimmen,
wer »Zugriff« auf seinen Körper haben soll.

Diese grundlegenden Gesichtspunkte gelten natürlich für
Jungen wie für Mädchen. Vielleicht reagieren Jungen emp-
findlicher, wenn ihr Drang nach Grenzerfahrungen mit ihrem
Körper beschränkt wird. Narben, Schmisse und blaue Flecken
sind Zeichen für einen robusten Umgang mit der Welt und
werden entweder mitleiderheischend vorgeführt oder mit
dem Stolz des Siegers, der wieder einmal vollen Einsatz gebracht hat, zur Schau getragen.

Im Umkreis der Geschlechtsreife bekommt die Sexualität
für die Jungen schließlich die Brisanz, die weiter irritieren und
kränken kann. Schon der Eintritt der Zeugungsfähigkeit unterscheidet sich für das Erleben der heranwachsenden Jungen
fundamental von der Art, wie Mädchen den entsprechenden
Reifungsvorgang durchmachen. Mit der ersten Monatsblu-
tung erfahren sie ein sichtbares Zeichen ihres Frauseins. Für
die Jungen gibt es kein vergleichbares Ereignis. Das Mann-
werden entzieht sich der unmittelbaren Wahrnehmung und
verschwimmt im Halbdunkel nächtlicher Samenergüsse, mit
oder ohne daß der Junge dabei nachhilft. Und damit sind wir
bei einem der beiden Themen angelangt, die zur sexuellen
Reife von Jungen unabdingbar dazugehören: die Masturbation.

Selbstbefriedigung ist mit einer jahrhundertealten Schicht
aus Scham und Schuldgefühlen belastet – und wer darüber redet oder schreibt, muß auch heute noch mit einem entsprechenden Echo rechnen. Gleichwohl bleibt die Stimulierung
des eigenen Körpers für viele ein wichtiger Schritt im Entdecken einer selbstverantworteten Sexualität. Wird sie mit
einem Tabu belegt, so daß noch nicht einmal darüber gesprochen werden darf, kann es zur Abspaltung dieses Erlebnis-
bereiches und zu inneren Nöten kommen. Sicher wird heute
niemand mehr mit einer Schrift »Über Erziehung für Erzie-

her« hervortreten und dabei, wie ein gewisser J. Sailer im Jahre 1809, ein Kapitel »Untergang der Welt durch Onanie« nennen. Gegenüber der Selbstbefriedigung als einem Teil Sinnlichkeit sind jedoch nach wie vor eine Reihe von Vorbehalten gegenwärtig und wirksam.

Gerade an diesem Punkt kann deutlich werden, daß Befangenheit oder Souveränität der Erwachsenen die Haltung der Kinder zur Sexualität wesentlich mitbestimmen. Reagiere ich mit überstarken Emotionen oder verschämtem Schweigen auf eine alltägliche Situation, in der Sinnlichkeit oder Sexualität eine Rolle spielt, dann verbreitet sich eine Stimmung, in der ein einigermaßen ungezwungenes Gespräch darüber unterbleiben muß. Der erste Schritt, die Unbefangenheit wiederzugewinnen, ist die bewußte Auseinandersetzung mit den Gefühlen in der eigenen Kindheit und Jugend.

In diesem Zusammenhang kann auch das zweite Thema auftauchen, das im Blick auf die Jungen behandelt werden soll: die Homosexualität.

Es fällt auf, daß gerade Jungen sich lautstark gegen alles absetzen, was sie als homosexuell ansehen. Schon im Kindergartenalter steht der Ausdruck »schwul« als Schimpfwort für die vermeintlich Schwachen und Unmännlichen, mit denen die »echten Kerle« nichts zu tun haben wollen. Bemerkt nun so ein echter Kerl als Heranwachsender bei sich selbst, daß er sich gelegentlich zu Jungen hingezogen fühlt, dann kann das große Erschrecken kommen. Es hängt sehr davon ab, wie in seiner sozialen Umgebung über Homosexualität gedacht oder gesprochen wurde, ob er damit selbstbestimmt umgehen wird. Dabei kommt der gefühlsmäßigen »Aufheizung« möglicherweise eine stärkere Bedeutung zu als jeder inhaltlichen Argumentation. Auch das Gespräch über Homosexualität ist belastet durch die tradierten Vorbehalte gegenüber dieser Lebensform. Vor allem die Einschränkung von Sexualität allein auf Zeugung beziehungsweise Empfängnis hat die Ablehnung der Homosexualität genährt. Wird der Sexualität wieder der weite Blick der Sinnlichkeit geschenkt, dann wird sie weder verschämt und ver-

drückt, noch muß sie in einseitiger Überspanntheit überall
im Vordergrund stehen.

Was kann dafür im einzelnen getan werden?

Es liegt auf der Hand, daß es in der Begleitung der Kinder –
Mädchen wie Jungen – am besten ist, wenn es nicht »das Gespräch« irgendwann in Ruhe auf dem Sofa gibt, in dem »alles
erklärt wird«, sondern wenn kleine, in den Alltag eingebettete
Erörterungen mit den Bedürfnissen der Kinder mitwachsen. Je
selbstverständlicher das Gespräch auf Fragen der Körperlichkeit kommen und auch wieder gehen kann, desto eher wird
sich die Empfindung einstellen, daß man mit den Eltern über
alles reden kann. Daß Reden in der Regel nicht gerade die
Stärke der Jungen ist, macht die Sache für sie und die betroffenen Erwachsenen natürlich nicht leichter.

Eine weitere Schwierigkeit ergibt sich daraus, daß in manchen Altersstufen gerade durch die Nähe zwischen Eltern und
Kind eine Befangenheit eher entsteht als abgebaut wird – und
dies auf beiden Seiten. Viele Kinder zeigen zum Beispiel durch
das Abschließen der Badezimmertür, daß sie für ihre Körperpflege lieber allein sein möchten, und es gehört zum erzieherischen Takt, die Entwicklung des Schamgefühls auch beim
eigenen Kind zu respektieren. Es wäre genauso fragwürdig,
eine Regel einzuführen, nach der alle Familienmitglieder die
Tür zum Badezimmer offen lassen müssen, wie es unsinnig
wäre, dem Kind Gespräche über Sexualität aufzuzwingen,
wenn es nicht mag. Darüber hinaus wird auch der Erwachsene
seine pädagogischen Zielsetzungen verfehlen, wenn er sich
selbst zu einer »Offenheit« im Gespräch nötigen will, ohne es
wirklich zu können. Andererseits genügt es nicht, den Kindern die Initiative zu überlassen im Sinne von »Wenn du Fragen hast, kannst du dich jederzeit an mich wenden.« Ist dieser
Satz nicht ein gut integrierter Bestandteil des kontinuierli-
chen Austauschs über Fragen der Körperlichkeit, dann ist für
die Kinder zu hören, daß die Bereitschaft zum Gespräch gerade
nicht besteht.

Je selbstverständlicher die Sexualität für uns Erwachsene
als Teil des Sinneserlebens an Körper und Umwelt gepflegt

wird, desto besser kann es gelingen, den kindlich-umfassenden Blick auf die Sinnlichkeit nicht zu verengen.

– Da fällt mir wieder Karl Kraus ein:
»Sexuelle Aufklärung ist jenes hartherzige
Verfahren, wodurch es der Jugend aus hygie-
nischen Gründen versagt wird, ihre Neugier
selbst zu befriedigen.«

Rabenmütter und Versuchsväter her!

»Ratschläge sind auch Schläge« lautet ein bekannter, aber nicht unwichtiger Merksatz für Erziehende. Trotzdem hält jede Buchhandlung ein reiches Sortiment an Ratgeberliteratur bereit. Bücher zu allen möglichen Erziehungsfragen werden geschrieben, gekauft und manchmal sogar gelesen. Sich von Fachleuten sagen zu lassen, wie es gehen könnte, soll mithelfen, die Unsicherheit zu vertreiben, die der Alltag mit Kindern hervorruft. Die vielen klugen Abhandlungen führen aber auch dazu, daß die Erwartung an die eigene Erziehungsleistung kontinuierlich steigt. Wenn ich erst weiß, was ich alles falsch mache und was ich richtig machen könnte, dann will ich es natürlich auch umsetzen. Lese ich Schreckensszenarien oder Ideale, dann reagiere ich im allgemeinen nicht nur mit Ablehnung oder Zustimmung, sondern ich will versuchen, das Schlechte zu vermeiden beziehungsweise dem Ideal gerecht werden. Ich bin stolz darauf, manchmal richtig gehandelt zu haben, muß mir aber auch eingestehen, oftmals zu den Unfähigen zu gehören. Bestenfalls beschleicht mich die Vermutung, daß der schlaue Ratgeber seine guten Tips selbst nicht oder nur mangelhaft befolgen kann.

Als Gegenbewegung zur Verbreitung von Angst vor Falschem und Druck durch Ideale möchte ich nun eine Liebeserklärung an Erziehungsversager machen:

Die gute Mutter hat einen ziemlich stressigen Auftrag: Sie muß einfach immer funktionieren – und zwar in alle Richtungen. Ihrem Sohn gegenüber zum Beispiel muß sie liebevoll, zugleich aber auch konsequent sein. Wenn er also den Mund mal wieder so richtig voll genommen hat »Ich kann das schon alleine!« und kommt im nächsten Moment mit einem Ratscher am Finger, um sich weinend an Mutters Schoß zu drängen, dann darf nicht einfach getröstet werden, sondern irgendwie muß ihm auch gezeigt werden, daß es so nicht geht. Schließlich hat er es ja selbst gewollt, dann muß er auch mit den Konsequenzen leben.

Ist das gut für Jungen? Würde sie ein schlichtes Trösten auf den Geschmack bringen, sich mal so und mal so durchzulavieren? Wie sieht es auf dem Weg zum Helden aus?

Dem Drang nach Autonomie steht gerade bei Jungen ein manchmal erschreckender Hang zur Rückkehr in frühere Kindheitsphasen gegenüber. Das soll auch ausgewachsenen Männern zuweilen so gehen. »Wenn mein Dreizehnjähriger sich nachmittags beschwert, ich würde ihn bemuttern und am gleichen Abend Wärmflasche und Kuscheltier gereicht haben will, weil es ihm sooo schlecht geht, daß er nicht aus dem Bett kann, dann frage ich mich, wie ich mit dieser Spannbreite an Erwartungen zurechtkommen soll.« Wie gesagt, die gute Mutter muß hier nach eindeutigen Lösungen suchen, um die Sache richtig zu machen, konsequent und logisch.

Die Rabenmutter gönnt sich zuweilen ein Leben »frei nach Schnauze«. Sie läßt sich auch davon leiten, was sie gerade jetzt und gerade heute verkraften kann, ohne es dem Kind später vorhalten zu müssen. Vor ihrer Härte in der scheinbaren Gerechtigkeit flieht sie manchmal in ein Leben ohne Mutterfunktion.

Die gute Mutter hingegen ist immer für ihr Kind da – unerschütterlich. Nebenbei wird das heute, wo die gute Mutter in Haushalt und Beruf gleichermaßen gut und glücklich sein muß, manchmal ein noch heftigerer Eiertanz als zu der Zeit, wo sie als »nur Hausfrau und Mutter« gut und glücklich zu sein hatte.

Die Rabenmütter setzen sich zwar dem Spott der Hundertzwanzigprozentigen aus, weil sie auch ihre eigenen Sachen machen, bei den heranwachsenden Jungen sind sie jedoch (meist eher still) angesehen, und zwar gerade weil sie ihre eigenen Dinge im Kopf haben und nicht ständig in erzieherische Habachtstellung verfallen.

Die gute Mutter kennt sich bestens aus im Reich ihres Sohnes, sie kennt und verdammt die Unordnung im Knabenzimmer und im Schulrucksack, verurteilt die aufschneiderischen Reden auf dem letzten Kindergeburtstag genauso wie die offenen Schnürsenkel an den Turnschuhen. Sie hat die Sache im Griff.

Die Rabenmutter sagt sich manchmal:»Ich mache die Tür zu seinem Zimmer zu, dann muß ich das Chaos nicht auch noch ansehen. Er muß selbst merken, wie es ist, wenn er etwas sagt, tut und nicht tut – ich werde mich dafür nicht immer verantwortlich machen lassen.«

Jungen fühlen sich nicht mehr bedrängt und gegängelt, wenn ihre Mütter klare Grenzen beachten, hinter denen sie zurückbleiben. Eine Erziehung »am Gartenzaun« wäre optimal. Da ist jemand, der über den Zaun sieht, sich interessiert, aber innerhalb seines eigenen Grundstücks bleibt. Und wenn der Junge durch die Gartenpforte kommt, weil er im Reich der Mutter kleiner Junge sein will oder über den Zaun steigt, weil er neue Grenzen sucht? Dann findet er hoffentlich keine gute Mutter, deren Perfektion ihn in Angst und Schrecken versetzt, sondern eine weise Rabenmutter, der es nichts ausmacht, den großen Jungen klein zu erleben oder aber rauszuschmeißen und die einmal beim Grenzsuchen augenzwinkernd mitspielt und beim nächsten Mal sauer wird.

Ist das etwa gut für Jungen? Brauchen sie nicht eine klare Orientierung, ein berechenbares Gegenüber? Werden sie durch die Wankelmütigkeit von Erwachsenen nicht ohnehin genug verunsichert? Klarheit ist wohltuend, aber nicht, wenn sie vorgespielt ist und der ganze Wust der seelischen Ambivalenzen hinter der Maske erzieherischer Vernunft versteckt wird.

Mütter, die ihren Anteil an der Erziehung der Jungen begrenzen, legen nicht nur diese Maske, sondern eine oft über-

mächtige Last der Verantwortung ab. Sie machen damit zugleich deutlich, daß auch andere in der Pflicht stehen – zum
Beispiel Väter. In Gesprächsrunden mit Müttern erlebe ich
immer wieder beides: Die Klage über die abwesenden Väter
und die Überzeugung, daß es nicht klappt, wenn die Väter im
Alltag tätig werden.

Die gute Mutter macht sich Gedanken, ob der Mann das
auch alles richtig macht, wenn sie nicht da ist. Der Rabenmutter ist das irgendwann egal, sie versucht abzuschalten,
wenn sie die Haustür hinter sich zumacht. Das tut vielleicht
zunächst weh, und die Männer werfen einem das ganze Konzept durcheinander, aber ist der Rückzug aus einem Teil der
Verantwortung nicht die entscheidende Voraussetzung für
den Einstieg der Väter? Wo sich die Mütter in der Erziehung
ihre Grenzen setzen, wird der Raum geöffnet, in dem die Väter eigenverantwortlich tätig werden können.

Machen die Väter das dann auch? Nicht ohne weiteres.
Gute Väter versuchen das auszuführen, was gute Mütter ihnen auferlegen. Rabenväter gibt es leider nicht – oder doch?
Natürlich gibt es viele Nicht-Väter, Flüchtende, die vor lauter
Beruf weder zu sich noch zu anderen kommen. Woran liegt
das? Sind die faul und bequem, ratlos und ohne Vorbilder?
Gute Ausreden lernen gute Jungen schon bei ihren eigenen
guten Müttern. Und tatsächlich gibt das klassische Bild des
Vaters heute nicht viel mehr her als ein kleines Restchen Fa-
milienversorgung – oder will heute noch jemand der Knecht
für die groben Erziehungsmittel sein?

Dabei haben die Väter gerade bei den Jungs so viele Möglichkeiten! Sie dürfen nämlich noch viel länger über den Gartenzaun in das Land der Jungen gehen – sie sind dort schließlich so etwas wie Eingeborene. In diesem Zusammenhang
sollte man gern und ohne Abwertung die Stärken vom »Kind
im Manne« würdigen. Aber vor den ausgelassenen Spielen mit
den Jungen steht der Anspruch, es gut und richtig zu machen,
am besten genau so wie die guten Mütter, nur als Mann eben.
Oder vielleicht auch ganz anders, aber auf jeden Fall mit einem klaren Konzept und nicht einfach so.

Es gibt heute schon eine große Zahl von Freizeitvätern. Sie spielen abends mit den Kindern und am Wochenende gibt es Unternehmungen. Für die Kinder kann man sich nur freuen, daß da eine ganze Generation von neuen Vätern heranwächst, die nicht mehr den Familienpatriarchen mimen wollen, sondern ihre Freizeit gern mit der Familie verbringen. Und doch bleibt da eine Lücke zu einem gleichberechtigten Miteinander von Vätern und Müttern. Eine der Voraussetzungen besteht darin, daß der Vater vor lauter gutem Willen den Spagat zwischen Beruf und Vatersein nicht soweit treiben darf, daß er sich selbst dabei vergißt. Dem steht in der Art, wie wir Arbeit und Familie organisieren, noch immer einiges entgegen. Auch die neue Gesetzeslage reicht noch nicht aus, nach der beide Eltern Elternzeit nehmen können (ein besseres Wort als Erziehungsurlaub, denn wo ist Erziehung Urlaub?). Sie ändert nichts daran, daß es nach wie vor ein schwer kalkulierbares Finanzrisiko ist, Kinder zu haben, und daß Kindererziehung und Berufskarriere sich nicht gut vertragen.

Neben diesen gesellschaftlichen Hindernissen ist aber auch ein manchmal recht langer persönlicher Weg zurückzulegen, bis das Vatersein im Alltag ankommt. Ein junger Vater berichtete mir von einer Entdeckung, die er dem Umstand verdankt, daß er an einem Tag in der Woche für seinen vierjährigen Sohn allein verantwortlich ist. Irgendwann habe er bemerkt, daß er nicht immer eine gut organisierte Unternehmung mit dem Jungen machen müsse, das Anbringen eines Bildes mit Bohrmaschine und allen Schikanen hätte Vater und Sohn besser gefallen als der letzte Zoobesuch.

Das Modell eines Vaters, der den ganzen alltäglichen Kram mit seinen Kindern zusammen durchmacht, geht noch weiter als das Bild vom Freizeitvater. Es bedeutet nämlich mehr, nicht nur die Highlights des häuslichen Lebens wie Fleischgrill anwerfen oder Elektrogeräte bedienen und reparieren, sondern auch pflegerische Arbeiten im Haushalt gemeinsam zu erledigen, mit all ihren Klippen und frustrierenden Begleiterscheinungen. Wie anders sollten erwachsene Männer ihren

Anteil an der Hausarbeit erkennen und bewältigen, wenn sie es nicht von ihren Vätern vorgelebt bekämen? So – jetzt hängt die Latte wieder mal ziemlich hoch. Was sollen die Väter denn noch alles schaffen, das kriegt doch keiner wirklich hin.

Jetzt schlägt die Stunde der »Versuchsväter« – das Gegenstück zu den Rabenmüttern: Versuchsväter wissen, daß es nicht zu schaffen ist, den eigenen und fremden Ansprüchen an die Vaterrolle zu genügen. Sie ziehen daraus aber eine andere Konsequenz als die Flüchtenden: Sie probieren halt mal, wie es so geht, mehr schlecht als recht meistens, aber nach und nach vielleicht doch ganz schön.

Versuchsväter können sich nicht mit stolzer Brust ihrer und ihrer wohlgeratenen Söhne Taten rühmen, sie leisten auch nicht immer überzeugende pädagogische Arbeit, denn oft sind sie genauso albern wie ihre Kinder.

Versuchsväter sind aber vielleicht doch die besten Väter, sie versuchen einfach da zu sein.

So wie die Rabenmütter, die von Zeit zu Zeit versuchen, nicht immer da zu sein.

Was kann den Jungen Besseres passieren: Viele Sachen kann man mit der Mutter einfach nicht machen – und vielleicht kommt es so ganz nebenbei mal vor, daß der Vater über seine Gefühle spricht, nicht nur über Heldentaten, sondern über Verlust und Niederlage. Wenn er dabei nicht tot umfällt, dann hat der Junge etwas sehr Wichtiges gelernt.

Jungen als Spieler

Jungen brauchen Spielräume. Das Mögliche will ausprobiert, das Unmögliche wenigstens geträumt werden. Eckhard Schiffer hat ein schönes Buch geschrieben: »Warum Huckleberry Finn nicht süchtig wurde«. Der berühmte Phantasieheld konnte seine Träume ausleben, Abenteuer und Alltag waren eins. Sein Leben war für die beteiligten Erwachsenen nicht unproblematisch – und auch er hat viel einstecken müssen. Aber er hatte keine Last mit dem öden Einerlei eines durchregulierten Kindertages in der deutschen Durchschnittsstadt heute. Wenigstens ein bißchen Huckleberry-Finn-Leben ist jedem Jungen zu wünschen!

Für ein bewegungsfreudiges Wesen ist es zum Beispiel eine Strafe, tagtäglich in eine Blechkabine gesperrt und angeschnallt zu werden, damit möglichst schnell die nötigen Wege zurückgelegt werden. Jede Fortbewegungsart ist jungengerechter als das leidige Autofahren. Warum müssen morgens so viele Kinder mit dem PKW bis zur Schule gebracht werden? Wäre es nicht eine neue Erfahrung, wenigstens einen Kilometer zu Fuß zurückzulegen? Und die vielen Termine, die nachmittags nur noch mit »Chauffeuse« zu bewältigen sind – ließe sich der Übergang von einer Aktivität zur nächsten nicht viel besser und lebenshygienischer auf dem Fahrrad oder in den öffentlichen Verkehrsmitteln schaffen?

Die Räume, in denen die eigene Erfindung von Spielen nicht nur möglich sondern gefragt ist, sind selten geworden. Oftmals fehlt es an Vorbildern und deren frühzeitiger Anleitung im Umgang mit Matschloch und Gebüschen, so daß Wald und Wiese nicht mehr Reiz haben als beim Familienspaziergang erfahrbar war. Es gibt heute berechtigte, aber auch viele übertriebene Sorgen vor dem, was Jungen ohne Aufsicht anstellen könnten. Ein für Jungen attraktiver Platz zum Spielen liegt nämlich außerhalb der ständigen Kontrolle der Erwachsenen, und nicht alle ihre Spiele sind auf ein harmonisches Miteinander ausgerichtet. Es gehört zu den Härten im Jungenleben, daß zu der angestrebten Figur des Siegers die Rolle des Unterlegenen kommen muß. Die Erfahrung beider Möglichkeiten will immer wieder durchgemacht werden: Ich kann den Jubel über den Gewinn erst richtig genießen, wenn ich die Ohnmacht der Niederlage kenne. Leider gibt es professionelle erwachsene Vorbehalte gegen beides: Vor dem kläglichen Zustand des Verlierers sollen die Jungen bewahrt und von dem Machtgefühl des Siegers abgehalten werden. Aber es gilt: Wer Gewinner sein durfte, braucht irgendwann nicht mehr auf Kosten der Unterlegenen seine Machtgefühle auszukosten, und der Verlierer lernt recht bald die Koketterie des »losers«, der das Mitleid der Mütter- und Frauenwelt als Ausgleich erfährt. Spielräume sind im besten Sinne Entwicklungsräume, sie ermöglichen Erfahrungen in einer Welt des »als ob«, die für das Zurechtfinden in der realen Welt wertvoll sind. In der Spielwelt wird die Vielfalt des Lebens durchgeschmeckt und im Schutz des Unwirklichen schon mal ausprobiert.

Als Spielverderber (und zugleich unangenehmen Machthaber) erlebte ich einen Erzieher, der in seiner Internatsgruppe das Schachspiel verbot. Es handele sich dabei um ein Kriegsspiel, war von dem neunmalklugen Mann zu hören. Mir war das bis dahin noch gar nicht aufgefallen, allerdings wurde mir nun deutlich, daß Kinder offenbar besser zwischen Spiel und Ernst unterscheiden können als mancher aufsichtspflichtige Erwachsene. Gehört es doch geradezu zur Charakteristik des Spiels, daß es unter der stillschweigenden Voraussetzung stattfindet, nicht »echt« werden zu dürfen. Das gilt selbstverständlich auch für die zuweilen umstrittene Spielzeugpistole. Bei entsprechenden Cowboy- und Indianerspielen fällt hoffentlich auch heute noch der Satz, dessen Hintersinn mir als Kind noch nicht geläufig war, der aber dennoch einer philosophischen Dimension nicht entbehrt: »Du bist tot oder ich spiel' nicht mehr!«

Jungen brauchen aber auch die Umkleidekabine nach dem Spiel, sie brauchen Schonräume: Orte, an denen sie die verschiedenen Panzer der Rollen ablegen können, die sie sich selbst und die andere ihnen abverlangen. Die zarte und verletzliche Seite der Jungen darf nicht überall versteckt werden müssen. Merkwürdig, so oft über die Rabauken gejammert wird, ihre weiche Seite wird sehr schnell mit dem Wort »Stell dich nicht so an« beiseite gefegt. Ihnen werden die Schonräume verbarrikadiert, wenn von den Erwachsenen erwartet wird, daß das Verhalten zu Hause mit dem draußen in der Welt von Kindergarten, Schule und Bolzplatz übereinstimmt. Sie verschwinden aber auch durch die Erwachsenen, die ungefragt in den Schutzbereich der Jungen eindringen, auch wenn

164   sie noch so verständnisvoll hinzufügen »Du kannst doch ruhig sagen, daß es dir peinlich ist, ich bin doch die letzte, die das nicht versteht!« Schweigsame und auf Rückzug bedachte Jungen beginnen nicht dadurch zu reden, daß sie nach langem Drucksen zum hundertstenmal aufgefordert werden: »Nun sag' doch endlich was!«

Wenn von Spiel- und Schonräumen die Rede ist, dann muß insbesondere die Einrichtung der Tür gepriesen werden: Die Tür ermöglicht das Bewußtsein einer Grenze und zeigt gleichzeitig, wie sie überwunden werden kann. Öffnen und Schließen sind schließlich die Grundgebärden des sozialen Miteinanders. Ich kann das Alleinsein suchen, indem ich selbst die Türe zumache, und wenn ich die geschlossene Tür des anderen achte, ermögliche ich ihm die eigene Entscheidung, mit mir Gemeinschaft zu üben oder nicht.

Das führt unmittelbar zu dem nächsten Bereich dessen, was Jungen nötig haben:

Jungen brauchen Erfahrungen im Grenzraum. Grenzen machen einen Raum erst zum Raum. Die alte Bändigungspädagogik hatte ihre eigene Auffassung davon, wie das Leben von Jungen durch Grenzen einzuengen sei. Sie sah ihre Aufgabe darin, festzulegen, in welchem Korsett die Objekte der Erziehung gedeihen sollen, und nach den Werkzeugen zu suchen, um die Wahrung der Grenzen sicherzustellen. Dem soll hier nicht das Wort geredet werden. Aber das Gegenteil von Grenzsetzung nimmt den Jungen eine wesentliche Erfahrung: An die Stelle des alten pädagogischen Konzeptes »Gelobt sei, was hart macht!« ist heute vor allem die Unsicherheit der Erziehenden getreten. Wo ist welche Grenze aus welchen Gründen von wem zu ziehen? Oft finden lange Debatten und nervtötende Kompromißverhandlungen statt, wo das Öffnen oder Schließen einer Tür Klarheit schaffen könnte. Häufig fehlen die Geschwister, mit denen es prächtige Auseinandersetzungen geben könnte. An ihre Stelle rücken unnötig häufig die Eltern oder andere Erziehende als Partner bei den notwendigen Grenzfindungen. Aus der berechtigten Sehnsucht, den individuellen Bedingungen des jeweiligen Kindes gerecht zu wer-

den, wird leicht die Grenze der eigenen Belastbarkeit über-x
schritten. Was dann bei überspanntem Geduldsfaden als Reaktion stattfindet, ist vielleicht eine Grenzüberschreitung des
Erwachsenen, es hat aber mit überlegtem pädagogischen Handeln nicht viel zu tun. Nicht, um für das Kind das Beste zu erreichen, ist vorher die Grenzsetzung fällig, sondern damit die
Grenze des Erwachsenen gewahrt werden kann. Wo da jeweils
Schluß ist, kann tatsächlich nur individuell entschieden
werden, aber aus der persönlichen Verantwortung des Erwachsenen. Der klare pädagogische Eingriff, der sich in der
konsequenten Haltung eines den Kinderwillen begrenzenden
Erwachsenen ausspricht, genießt oft wenig Achtung. Wer
Grenzen setzt, dem ist anscheinend nichts Besseres eingefallen, der ist mit seinem pädagogischen Latein am Ende und
setzt letztlich nur noch auf die machtvolle Überlegenheit des
Erwachsenen, gegen die Kinder wehrlos sind.

Daß gerade der Schlußpunkt etwas Befreiendes an sich haben kann, ist dagegen eine alltägliche Erfahrung. Ein weiteres
positiv zu erlebendes Merkmal der Grenze liegt darin, daß ich
es innerhalb des mir gesetzten Rahmens mit einer überschau-
baren und bis zu einem gewissen Grade berechenbaren Welt
zu tun habe. Wenn Kinder über klar erkennbare Grenzen
dankbar sind, dann sicher nicht, weil sie den Schmerz der begrenzenden Maßnahmen mögen, sondern weil sie wissen,
woran sie sind. Gerade Jungen suchen ihr Gegenüber auszulo-
ten, um vorher wissen zu können, wie reagiert wird, wenn sie
etwas anstellen. Sie finden an den Rändern der Räume den
Halt, den sie in der Grenzenlosigkeit unserer Zivilisation oftmals vermissen.

Und was ist mit den Grenzverletzern? Die können ja überhaupt nur da existieren, wo es Grenzen gibt. Wo sollte denn
der Aufbruch zu neuen Ufern möglich sein, wenn das diessei-
tige Ufer nicht zu erkennen ist? An der Grenze, die ein
Erwachsener gesetzt hat und die das Kind übertritt, entsteht
Bewußtsein. Von jetzt an muß das Kind selbst die Verantwortung tragen für das, was außerhalb des erlaubten Rahmens
geschieht. Von diesem Blickwinkel aus ist Grenze und Grenz-

überschreitung ein wesentliches Mittel zur Entwicklung der Eigenständigkeit.

Die Angst vor der klaren Linie liegt sicher auch darin begründet, daß die Grenze als eine Art Todespunkt erlebt wird, der schon aus sich heraus negativ zu sehen sei. Es ist aber gerade der Tod, der einen neuen Raum eröffnet, indem er einen alten schließt. Es kostet Mut, den Jungen unkontrollierte Räume zur eigenen Erprobung zuzugestehen, weil darin ein Todeserlebnis der pädagogischen Intention liegt. Aber welches andere Ziel könnte Pädagogik haben, als sich selbst überflüssig zu machen, zu sterben?

Das Zulassen von Spiel-Räumen verschafft den Jungen die Voraussetzungen, sich dann zu öffnen, wenn sie soweit sind. Grenzen geben ihnen das Bewußtsein, daß ihr Ich der Bildner im eigenen Raum ist. Zugleich aber bleibt ihre Sehnsucht bestehen nach dem sozialen Raum des Angenommenseins ohne Voraussetzungen. Für die Jungen bedeutet das konkret, daß sie auch und gerade als fremdartige, verschlossene, trotzige und abweisende Wesen insgeheim darauf hoffen, sich bei den mit ihnen lebenden Erwachsenen heimisch fühlen zu dürfen, wenn ihnen danach ist.

Das Gefühl der Heimat ist die Voraussetzung dafür, über sie hinauswachsen zu können.

. . . .

Die pädagogische Differenz und die verlorenen Söhne

Ist es nicht gemein: Sobald die Kinder in das Alter kommen, daß sie die nächtliche Beach-Party am Baggersee dem abendlichen Halma-Spielen mit den Eltern vorziehen, beschleicht uns das Gefühl, alles falsch gemacht zu haben in der Erziehung. Pädagogische Ratgeber haben wir nach Metern im Regal stehen; wir haben Nächte mit Diskussionen darüber verbracht, ob Marcel den batteriebetriebenen Autokran schon zum fünften oder aber erst zum sechsten Geburtstag bekom-

men soll; die Frage, welche Fernsehsendungen für unser Kind
geeignet oder auch nur zumutbar sind, hat unsere Ehe mehrmals an den Rand des Untergangs gebracht; immer wieder haben wir Schulpsychologen, Heilpädagogen und Naturheiler
mit dem Mirakel beschäftigt, weshalb Klärchen in Deutsch
nicht über eine Vier hinauskommt, wo doch die Eltern beide
mit einer Zwei abgeschlossen haben; unter Einbezug zweier
Rechtsanwaltskanzleien haben wir Eingaben gemacht an den
Regierungspräsidenten, weil Paul von seinem Mathe-Lehrer
ungerecht behandelt wurde.

Und dann, wenn die Kinder ihre eigenen Wege suchen, stehen wir wie gelähmt vor der Tatsache, daß sie Seiten entwickeln, zu denen wir sie gar nicht erzogen haben, Seiten, die
wir ihnen nicht zugetraut, an die wir gar nicht gedacht hatten,
Seiten aber auch, deren Entfaltung wir meinten vorgebeugt zu
haben.

Und später, wenn sie als Erwachsene selbständig ihr Leben
in die Hand nehmen und mit Selbstverständlichkeit in einer
Welt zurecht kommen, die wir für sie als gefährlich und kaum
zumutbar angesehen haben, ist die Erkenntnis kaum zu umgehen, daß unsere Kinder noch etwas ganz anderes sind, jemand ganz anderes sind, als was wir immer in ihnen gesehen
haben. Und wir werden das Gefühl nicht mehr los, den Kindern, ihrer Individualität und ihren ganz persönlichen Fähigkeiten mit unseren pädagogischen Bemühungen gar nicht gerecht geworden zu sein.

In dieser für einige interessanten, für viele aber enttäu-
schenden und sie mit Schuldgefühlen beladenden Erkenntnis
tritt ins Bewußtsein, was wir die pädagogische Differenz nennen können. Sie besteht darin, daß unsere erzieherischen
Bemühungen offensichtlich nur einen Teil, nur einige – we-
nige – Seiten der Persönlichkeit unseres Kindes erreicht haben
oder – im Extremfall – überhaupt an diesem Kind vorbeige-
gangen sind. Das einzelne Kind ist heute offensichtlich immer
noch mehr und etwas anderes, als was unser pädagogischer
Eros im Visier hatte. Es ist nur leicht zugespitzt, wenn wir in
solcher Erkenntnis sagen: Wir haben unser Kind letztlich gar

168 nicht gekannt. Wir haben es in diesen seinen individuellen Möglichkeiten nicht, jedenfalls nicht umfassend erkannt.

So schmerzlich, enttäuschend und belastend diese Erkenntnis sein mag: Es konnte gar nicht anders sein. Denn zunächst handelt es sich einfach um den Abstand zwischen Methode und individueller Anwendbarkeit: Pädagogische Prinzipien, Regel- und Wertewerke, erzieherische Methoden und Maßnahmenkataloge, so durchdacht und ausgearbeitet sie auch sein mögen, können vielleicht »dem Kind«, seiner Altersstufe, seinem Temperament angemessen sein, müssen aber dieses individuelle Kind deshalb noch lange nicht erreichen. Was für den Durchschnitt und den Typ gelten mag, kann am konkreten einzelnen Kind dennoch vorbeigehen. Denn die Individualität läßt sich prinzipiell mit allgemeinen, allgemeingültigen Gesichtspunkten und Kriterien nicht erfassen. Die Individualität ist der Widerspruch zur Methode.

Die Individualität tritt heute aber früher und kräftiger hervor als noch in der Generation der Eltern. Das dürfte seine Richtigkeit haben, denn die heutigen und zukünftigen Lebensverhältnisse sind augenscheinlich komplexer und werden mit bisher allgemein-gültigen Regeln, Kulturtechniken und Werten kaum zu bemeistern, geschweige denn weiterführend zu gestalten sein. Die Arbeitswelt, die traditionellen Formen des sozialen Zusammenlebens sind im Umbruch. Ein qualitativer Entwicklungsschritt scheint anzustehen. Diesen aufzugreifen und in neue Formen der Arbeit und des Sozialen hineinzuführen, wird Aufgabe der uns nachfolgenden Generation sein. Eltern können deshalb ihren Kindern nicht mehr einfach die Welt nur »zeigen«, können sie nur noch begrenzt »einweisen«, weil sie gar nicht absehen können, was an Neuem und anderem sich entwickeln wird. Die uns nachfolgende Generation scheint dafür schon im Ansatz anders gerüstet zu sein als die Eltern-Generation, ja sie scheint ganz anders daran interessiert zu sein.

Insofern überholt deshalb heute die nachfolgende Generation die vorhergehende – und zwar schon in dem, was sie an ausgeprägter Individualität, an neuen Talenten und Offenheit mitbringt.

Pädagogik als Erziehung zu etwas und als Einweisung in Traditionen, in Rollenbilder, Werte und Haltungen, wie sie für die Eltern gelten, gleicht deshalb dem Rasen des Hamsters im Rad. Es ist gut für seine Durchblutung, aber von einem Weiterkommen läßt sich nicht sprechen. Kinder und besonders Jugendliche spüren diese pädagogische Differenz. Es scheint nun so, daß sie sich auf Jungs anders auswirkt oder für diese eine andere Bedeutung hat als für Mädchen. Jugendliche Mädchen reagieren auf das Erlebnis des Abstandes zwischen ihrer und der Generation der Eltern augenscheinlich eher amüsiert, manchmal mitleidig und vor allem scheint es ihnen Ansporn zu sein, gestützt durch den Rückhalt der peer-group, eben dieses in Angriff zu nehmen und zu meistern, wovor die Eltern, hier speziell die Mütter, sie gewarnt haben. Die Eltern und speziell die Mutter zu überflügeln erscheint ihnen Gewinn versprechend, und sie nehmen insofern den Abstand eher mit Gelassenheit. In ihren Eltern sehen sie zunehmend die Senioren, die der Schonung bedürfen.

Bei vielen männlichen Jugendlichen dagegen scheint der Abstand zu den Eltern, besonders zum Vater, eher zur Irritation, zu Ratlosigkeit und einer gewissen Desorientierung zu führen. Sie fühlen sich im Verhältnis zu den Eltern und besonders zum Vater einsam. Dies korrespondiert mit einem Unterschied in der Reaktion der beiden Elternteile auf die pädagogische Differenz: Während Mütter ihren Töchtern gegenüber eher mit etwas veränderten, nämlich ins Appellative gewendeten Erziehungsbemühungen, aber dennoch unterstützend reagieren, scheinen Väter schnell zu resignieren, wenn sie erkennen, daß in ihren Söhnen noch anderes steckt, als was sie durch ihre Erziehung und ihr Vorbild ansprechen konnten. Sie ziehen sich aus der Erziehung, besonders aus der Erziehung der Söhne zurück und lassen damit gerade den Sohn allein mit sich. Sie verlieren den Sohn, und der Sohn verliert den Vater.

Dies mag etwas dramatisiert erscheinen, entspricht aber auf dem Hintergrund der bei Jungs stets lauernden Frage, was denn wohl ein »richtiger« Junge und Mann ist und ob man diese – immer etwas unklar bleibenden – Kriterien eigentlich selbst erfülle, durchaus dem Erleben vieler Jungs. Gerade für diese, Individualität grundlegend mitbestimmende Schicht fehlt deshalb die Anknüpfung an das Vorangehende, welche nötig wäre, um eventuelle neue und andere Schichten des Mann-Seins in der Opposition, Abgrenzung und Reibung zu entwickeln.

Die pädagogische Differenz erschwert demnach bei Jungs die Frage der männlichen Selbst-Vergewisserung, während bei Mädchen allenfalls die Frage der Ausprägung des Rollenbildes tangiert ist (»bloß nicht so wie meine Mutter werden«).

Als einen Beleg für diese Situation können wir die heute besonders unter männlichen Jugendlichen üblichen Selbst-Initiationen auffassen: Von der Mutprobe mit der frisierten 125iger Maschine in der Kurve hinter dem Städtchen über das Piercing bis zum gemeinsam Drogenrausch applizieren sich Jugendliche heute selbst, wo hindurch sie früher in ritualisierter Form von der Väter-Generation geführt wurden: Schmerz-, Angst- und Grenzüberschreitungserlebnisse, deren Bemeisterung man als Kriterium für Männlichkeit erachtet hat. Solche Initiationen kann man natürlich heute genauso wenig wieder aufwärmen wie das damals gemeinte Bild von Männlichkeit. Dennoch scheint sich hier eine berechtigte Sehnsucht auszusprechen, Orientierung darüber zu finden, was Männlichkeit ist und in Zukunft sein kann und wie die Herausforderungen der Zukunft gerade vom Mann aus aufgreifbar sein könnten.

Ins Konstruktive gewendet könnte – jenseits der üblichen Labilitäten und Gefährdetheiten gerade männlicher Identitätsentwicklung – diese Sehnsucht aber dazu führen, daß die »typisch männliche« Autonomie noch einen ganz anderen Sinn und eine ganz andere Berechtigung gewinnt, die über bloße Rollenzuschreibungen hinausgeht. Wenn es Vätern gelingen würde, gerade von ihren Söhnen zu erwarten, statt zu befürchten, daß sie in ihrer Entwicklung über sie, die Väter, hinausgehen, müßten diese die Differenz nicht als Vakuum erleben, sondern könnten sich frei fühlen zur eigenen Gestaltung ihrer Identität. Dies wird aber nur gelingen, wenn Väter selbst sich ihren Söhnen als die Individualität stellen, die sie eben sind: Mit allen Ecken, Kanten und Einseitigkeiten, aber sich zeigend – sich auch zeigend mit der Ungewißheit über die Frage darüber, wie heute und in Zukunft das Männliche sich bestimmen mag.

Sie wären dann Verbündete über die Generationengrenze hinaus: Im Gleichnis vom verlorenen Sohn schenkt der Vater dem Sohn, der in etwas kurz gegriffener Selbst-Initiation sich verschleudert hat, einen Ring zum Zeichen einer Verbundenheit, ja Bruderschaft, die die pädagogische Einbahnstraße, das schiere Einweisen in die Traditionen, hinter sich gelassen hat.

– Und wie fassen wir das jetzt zusammen?
– *Gar nicht. Eine Zusammenfassung wäre ein Widerspruch zu allem, was wir bis hierhin geschrieben haben.*
– Gut. Dann fasse ich die Unzusammenfaßbarkeit zusammen.

Schlußwort

Als wir die Arbeit an diesem Buch begonnen haben, war uns noch sehr unklar, was daraus werden sollte. Nur in einem Punkt waren wir uns sicher: Es gibt keine Vollständigkeit der Beschreibungen des Mannseins, deshalb muß das Buch unfertig bleiben. Damit haben wir uns die Sache natürlich bequem gemacht. Niemand kann von einem Fragment verlangen, daß es das Ganze bringt. Wir hoffen allerdings, daß deutlich geworden ist, was im Eingehen auf das Fragmentarische an Gewinn möglich ist.

Im Blick auf die Entwicklungen der Kunst im 20. Jahrhundert erscheint der Schritt zur Unvollständigkeit als eine Notwendigkeit in der Mentalitätsgeschichte der Menschheit: Wer heute noch Kunstwerke in die Welt setzt, mit denen sich der Anspruch des Umfassenden verbindet, der zwingt den Wahrnehmenden eine Konsumhaltung auf, die nicht mehr zeitgemäß ist. Kunst, die nichts weiter will als die Abbildung des Bestehenden in möglichster Exaktheit, führt auf dem schnellsten Weg aus jeglichem künstlerischen Vorgang heraus.

Ganz anders die Fragmente. Ihre Unabgeschlossenheit ruft die Aktivität des Betrachters oder Hörers auf. Der Zwischenraum des Offenen ermöglicht die Fortsetzung des schöpferischen Aktes in beliebig vielen weiteren Stufen. Das Eigentliche ist noch nicht gesagt, und darum kann ein Dialog das Begonnene fortsetzen.

Religiös gesprochen ist die hier angedeutete und von uns versuchte Methode ein Weg der Armut. Einer Armut allerdings, die, weil sie sich ihrer selbst bewußt wird, Reichtum in der Dimension des Schöpferischen erschließt.

Zunächst kostet es Mut, zu bekennen, daß ein Bild »des« Mannes gar nicht erst versucht werden soll. Allzuleicht kommt der Vorwurf auf, sich nicht auszukennen, nicht fleißig und gründlich forschen zu wollen, oder – vielleicht das Schlimmste – durch eigene Schuld etwas versäumt zu haben, was zum Mann als solchem doch eigentlich dazugehören müßte.

Weiter ist es ein Risiko, sich an die Leserinnen und vor allem auch Leser zu wenden mit der Aufforderung, eigene Entwürfe gegen, mit und aus dem Gesagten zu entwickeln: Vielleicht ist schon zu viel ausgesprochen, oder nichts, an das sich wirklich anknüpfen läßt.

Wir können nur wünschen, daß in diesem Fall die Geduld nicht bis hierher gereicht hat beziehungsweise spätestens jetzt die Wut als Quelle weiterer eigener Aktivität fruchtbar wird.

Daß es auch auf dem Gebiet des Fragmentarischen Freude am Entdecken und Lust am Abenteuer auf unwegsamem Gelände gibt, gehörte zu den angenehmen Seiten der Entstehungsgeschichte dieses Buches. Wir haben dafür die einzelnen Abschnitte als Dialog entwickelt – nicht streng, aber vom prinzipiellen Ansatz her, um gegenseitig »Anstöße« zu bekommen zu jedem weiteren Schritt.

Wir sind dabei zu der Überzeugung gelangt, daß weder Mann noch Frau und auch nicht der Mensch von seinem Ursprung her so angelegt ist, daß er ein vollkommenes Wesen schon ist. Mann und Frau sind vielleicht das beste Beispiel dafür, wie der schöpferische Genius der Welt fragmentarische Erscheinungen in die Wirklichkeit setzt, damit Wesen entstehen, die ihrerseits schöpferisch sein können. Aus dem Zustand der Unvollkommenheit und der Sehnsucht nach deren Überwindung läßt sich etwas jeweils Neues gestalten. So gesehen gibt es zwei Arten von Entwürfen auf den Menschen hin, männliche und weibliche. Jeder von uns hat tausenderlei Möglichkeiten, das unsichtbare Wesen Mensch, auf das hin wir angelegt sind, zur Erscheinung zu bringen – in Fragmenten.

Wenn dieses Buch dafür eine Anregung ist, hat es seinen Sinn erfüllt.

Literaturverzeichnis

ANOUILH, J.: Jeanne oder Die Lerche, Stuttgart 1985
BINDEL, E.: Die geistigen Grundlagen der Zahlen, Stuttgart 1980
BORNE, R. VON DEM: Der Clown. Geschichte einer Gestalt, Stuttgart 1993
CHAMPIGNEULLE, B.: Rodin, London 1980
FECHNER, E.: Die Comedian Harmonists, München, 1997
GADAMER, H.–G.: Wahrheit und Methode, Tübingen, 1960
HOTCHNER, A. E.: Papa Hemingway, München 1969
HOUELLEBECQ, M.: Elementarteilchen, München 2001
IBSEN, H.: Baumeister Sollnes, Stuttgart 1966
KAFKA, F.: Brief an den Vater; in: Kafka, F.: Er, Frankfurt 1965
KEDING, J.:Von nun an geht's bergauf – Männer in den Wechseljahren, Esslingen 2002
LORD, J.: Alberto Giacometti, Zürich 2001
LUSSEYRAN, J.: Bekenntnis einer Liebe, Stuttgart 1994
PEASE, A. UND B.: Warum Männer nicht zuhören und Frauen schlecht einparken, München 2000
PLATON: Das Gastmahl, Stuttgart 1958
RANK, O.: Der Mythos von der Geburt des Helden, Wien 1922
RODENBERG, H.–P.: Ernest Hemingway, Hamburg 1999
SANNA, J. DE: Lucio Fontana – Materie – Raum – Konzept, (Ritter-Verlag) 1995
SCHIFFER, E.: Warum Huckleberry Finn nicht süchtig wurde, Weinheim 1999
SCHNACK, D.; NEUTZLING, R: Kleine Helden in Not, Hamburg 1990
SCHNACK, D.; NEUTZLING, R: Die Prinzenrolle, Hamburg 1995
SCHNACK, D.; NEUTZLING, R: Der Alte kann mich mal gern haben, Hamburg 1997
SCHULZ-HOFFMAN, C.: Lucio Fontana, München 1983
WAIS, M.: Individualität und Biographie, Stuttgart 1994
WAIS, M.: Der Mythos der heilen Kindheit – Der junge Mensch an der Schwelle zum nächsten Jahrtausend, Stuttgart 2000, 2. Aufl.
WAIS, M.: Kindheit und Jugend heute. Sinn und Unsinn der Erziehung, Stuttgart 2000
WEINREB, F.: Zahl – Zeichen – Wort, Weiler 1986
WEINREB, F.: Buchstaben des Lebens, Weiler 1990

MATHIAS WAIS
Kindheit und Jugend heute
Sinn und Unsinn der Erziehung
272 Seiten, Broschur

1. TEIL: BILDER VON KINDHEIT: Schicksal und Biographie
· Die Entdeckung der Kindheit – eine historische Skizze
· Das Bild von Kindheit heute · Private Bilder von Kindheit · Bilder von Kindheit in anderen Kulturen · Das
»auffällige« Kind · Das Ich des Kindes hören.

2. TEIL: STATIONEN UND LEBENSWELTEN DER KINDHEIT:
Innere Gesetzmäßigkeiten in der Biographie des Kindes
· Pubertät · Ängste in der Entwicklung · Aggression und
Entwicklung · Kalte Aggression · Jugendkriminalität
oder ein Bild von Jugend · Zwischen den Eltern · Die El-
tern trennen sich · Das Kind in der Patchwork-Familie ·
Das Kind und die alleinerziehende Mutter · Geschwister
· Das adoptierte Kind · Migrantenkinder · Die Jugend-
szene am Bahnhof · Mutters Junge · Strafende Erziehung
· Aus dem Gruselkabinett häuslicher Pädagogik · Vom
Objekt zum Subjekt der Kindheit.

MAYER

MATHIAS WAIS
Ich bin, was ich werden könnte
Entwicklungschancen des Lebenslaufs –
Aus der Biographieberatung

3. überarbeitete und erweiterte Auflage,
272 Seiten, Broschur

In jedem Menschen steckt immer noch mehr und noch anderes, als was er bisher ist und verwirklicht hat. Der Autor zeigt – aus langjähriger Beratungsarbeit heraus – wie dieses noch andere erkennbar werden kann, wie es aufzurufen und zu handhaben ist, damit die Individualität den Weg zu ihrer Ganzheit findet. Nicht Konzepte oder Theorien werden ausgebreitet, nicht Luftschlösser gezimmert, sondern Grundlage ist das, was möglich und jedermann unmittelbar erlebbar und greifbar ist.

Der Autor knüpft immer am Alltag an und zeigt, wie durch Gespräch und Übung, mit Ruhe und Sicherheit, dem Neuen und anderen Raum geschaffen werden kann. Anhand von kurzen Fallbeispielen wird in Mut machender Weise nachvollziehbar, wie sich auch in den Krisen der Trennung, der Lebensmitte, der Enttäuschung über Unerreichtes ein Zukunftskeim ausspricht und wie er ins Gedeihen gebracht werden kann.

MAYER